Matthias Groppe
Christian R. Schlichter

# Paderborn

Bilder einer Stadt

ISBN: 978-3-9815602-8-2

1. Auflage 2019

© 2019 Tertulla GbR, Soest

www.tertulla.de

Gestaltung: Nadine Hilbrich
Druck und Bindung: Gutenberg Beuys Feindruckerei, Langenhagen
Alle Bilder: © Matthias Groppe
Alle Texte: © Christian R. Schlichter

# Inhalt

# Vorwort

„Paderborn, Paderborn, meine Stadt, ich liebe Dich! Manchmal stur, doch immer herzlich, Paderborn, du bist wie ich", heißt es im jüngsten Stadtschlager der Madison Band. Zu Libori, dem großen Volksfest, stehen die Paderborner auf den Tischen und Bänken, um dieses Lied zu schmettern. So ist die Großstadt in Ostwestfalen, die kaum einer richtig kennt. Dieser Bildband soll Paderborn in seiner Schönheit, seiner Vielfalt, seinen überraschenden Momenten und seinen Menschen zeigen. Der Fotograf Matthias Groppe hat sich nicht mit den ausgetretenen Touristenpfaden begnügt – er hat es geschafft, die unglaubliche Vielfalt Paderborns in einer wundervollen Zusammenstellung einzufangen. Sein Blick zeigt die Klarheit und zugleich Schönheit Paderborns.

In Paderborn tobt das Leben einer Großstadt ebenso wie die Beschaulichkeit der ostwestfälischen Provinz. Die Stadt ist jung und voller Aktivitäten und doch auch kleinstädtisch und lädt zum Innehalten ein. Wer einen Blick in diesen wunderschönen Bildband wirft, der wird all diese Aussagen bestätigt finden.

Beim Blick auf Paderborn müssen auch allerlei Vorurteile über Bord, wie die Texte deutlich machen. Diese Stadt will ergründet werden, um ihr auf die Schliche zu kommen. Dabei gibt es viel Charmantes erst auch beim zweiten oder dritten Hinsehen zu entdecken. Denn Paderborn ist weder provinziell noch bieder, weder kirchlich verkrustet noch in der Mittelmäßigkeit gefangen. Wer das wirklich begreifen möchte, der muss an den Ursprung gehen: Die rund 200 Quellen der Pader speisen Deutschlands wasserreichsten und zugleich kürzesten Quellfluss. Genau in diesem Zwiespalt befindet sich die gesamte Stadt. Sie hat ungeheures Potential, das von außen kaum wahrgenommen wird.

Paderborn lebt aus der Historie, davon erzählen die Kaiserpfalz und die zahlreichen Kirchen. Halb Westfalen kann sich auf Gründungsurkunden Karls des Großen stützen. Doch Paderborn ist die Stadt, in die der Kaiser jährlich zu Besuch kam und in der er gerne blieb. Aber das Gemeinwesen lebt auch aus der Moderne. Paderborn hat große wirtschaftliche Kraft sowie eine aufstrebende Universität mit angeschlossener Gründerszene. Dieses Buch lädt ein, die Stadt zu entdecken und sich zu verlieben. Denn wie es im Lied über Paderborn so schön heißt: „Hast das Herz am rechten Fleck ... Wer dich kennt, will nie mehr weg".

Christian R. Schlichter

# Innerhalb der alten Stadtmauer

## Stadt, Geschichte, Kultur

Paderborns Innenstadt ist aus der Luft gesehen fast herzförmig aufgebaut, die Spitze zeigt nach Südwesten zum Westerntor. Das ist recht amüsant, weil es der Stadt nach außen genau das Gesicht gibt, das gar nicht zu ihrem ostwestfälisch sturen Image zu passen scheint. Die Stadt war seit dem 12. Jahrhundert von einer Stadtmauer umgeben, gebaut aus Bruchsteinen des nahen Eggegebirges. Bis 1220 fand sie ihre heute noch erkennbare eben herzförmige Ausdehnung, die 500 Jahre lang ausreichte, um alle Bürger zu umschließen. Erst 1809 wuchs die Stadt aus den Toren hinaus und Teile der Mauer wurden abgetragen.

Innendrin ist von der Schönheit früherer Jahrhunderte nicht viel geblieben. Nur zwei Bombenangriffe im Frühjahr 1945 reichten aus, um die Substanz der Stadt zu 85 Prozent in Schutt und Asche zu legen. Eines der letzten Kleinode der alten Bürgerzeit ist das Stadtviertel „Auf den Dielen" (gemeint sind die früher dort zur Uferbefestigung verlegten Holzbohlen). Direkt am Quellbecken und den ersten Metern der Dielenpader gelegen, zeugen einige Fachwerkhäuser (rechts) noch von Stolz und Reichtum der bürgerlichen Gesellschaft damaliger Zeit. Die in den 70er Jahren liebevoll sanierten Häuser lohnen das genaue Hinsehen. Sie zeigen die städtisch farbige Variante des andernorts nüchtern schwarz-weißen Fachwerks. Reichliche Verzierungen an den Holzbalken zeugen von der guten Bürgerlichkeit und konnten sich nur deshalb durch die Zeit der Stadtbrände retten, weil das Löschwasser so nah war.

Außerhalb dieser wenigen erhalten gebliebenen Straßenzüge gibt es in Paderborn ein reges Nebeneinander von wiederaufgebauter Substanz, Siebziger-Jahre-Bausünden und moderner Stadtarchitektur. Das unverwechselbare Gesicht der Stadt findet sich deshalb auch hinter den Fassaden der Hauptstraßen, da, wo die verschiedenen Baustile aufeinandertreffen. Wer von den Dielen in Richtung Dom schaut, der sieht links ein Beispiel dafür am Hatzfeldhaus, dem ehemaligen Siechenhaus von 1900, das jetzt allein der Dommusik und ihren Chören dient. Wegen der neuen Nutzung und Anforderungen des Brandschutzes wurde es durch einen vorgesetzten Gebäudeteil mit Betongiebel verlängert. Alt und neu finden dort elegant zusammen – ein Beispiel gelungenen Nebeneinanders in Paderborn.

Der Hopheiturm am Le-Mans-Wall (rechts) ist ein besonderes Kleinod, an dem die meisten vorbeirauschen, ohne es als gerade renovierten Zeugen mittelalterlicher Stadtbefestigung zu würdigen: Der fast 15 Meter hohe Wehrturm an der Südseite der Stadt ist in den vergangenen Jahren saniert und teils ganz neu aufgebaut worden. Die Bruchsteinfassade wurde originalgetreu verschlämmt, die Spitze ziert nun ein stolzer Spitzhelm aus mit Blech belegtem Holz. Ein Lichtband illuminiert ihn in der Nacht. Benannt soll er nach dem früher im Turm befindlichen „Hophei" sein, einem Gefängnis, daher stammt das Paderborner Sprichwort: „Pass auf, wenn du große Rede führst, dass du nicht Hophei gehst."

So wie der Hopheiturm sollen nach und nach auch die anderen der ingesamt sieben verbliebenen Wehrtürme der alten Stadtmauer restauriert werden. Maspernturm (13,60 Meter hoch) Heiersturm (16,40 m), Bußdorfturm (7,40 m) Liboriturm (14,50 m), Kasslerturm (14,50 m) und Franziskaner (Rosen-)turm sind jeweils nach den alten Stadttoren oder Straßen benannt. Sie waren Teil der Stadtmauer, die bis Ende des 18. Jahrhunderts noch die Stadt- und Steuergrenzen markierte. Nachdem sich gerade am Westerntor die Bebauung ausdehnte und der Staat Preußen die Mauer 1881 an die Stadt gab, wurden Teile abgetragen und ihre Steine verbaut. Erst später begann eine Rückbesinnung, so dass bis heute bei genauem Hinsehen doch noch erhebliche Teile der Mauer zu finden und zu erkennen sind.

Der Wall mit seinen Grünstreifen rund um die alte Stadtbefestigung ist eines der deutlichsten Zeichen Paderborner Zurückhaltung: In anderen Städten gibt es stolze Namen und Nutzungen rund um die alten Befestigungen. Paderborn macht da auf Understatement. Dabei könnte es mit seiner gut drei Kilometer langen Wallanlage rings um die Innenstadt richtig punkten. Denn was anderorts als „Promenade" groß zum Flanieren und „Sehen und Gesehenwerden" einlädt, wird hier oft noch allein zum Radfahren genutzt. Dabei ist die alte Wallanlage mit den Resten der Stadtmauer und den sieben Türmen wirklich ansehnlich. Rund 850 Jahre lang hat sie Paderborn wirksam geschützt.

Ein Ausflug längs der Mauer ist von beiden Seiten zu empfehlen. Am besten geht das mit dem Rad außen an den Wällen entlang und von innen zu Fuß durch die Straßen mit den teils in die Stadtmauer hineingebauten Häusern. Am Neuhäuser Tor (Bild) zeigen sich diese besonderen Nutzungen: Die dortigen Häuser haben als Rückwand die alte Stadtmauer und gründen auf deren Fundamenten. Für diese Rückwand, die ihnen nicht gehört, müssen die Hausbesitzer der Stadt jährlich eine geringe Nutzungsgebühr zahlen.

„Menschen meiner Stadt" heißt die Ausstellung, mit der der Verleger und Fotograf Harald Morsch ein besonderes Projekt im Stadtmuseum präsentiert hat. Er hat 500 Paderborner an der Dielenpader fotografiert. Durch das Licht und die Reduktion auf das Wesentliche sind dabei eindrucksvolle Portraits entstanden. Da geht es um Momente und Augenblicke, aber auch um Erlebtes und Stimmungen, Gesichter von Stadtmenschen, wie Morsch es nennt. Die großformatigen Portraits waren monatelang im Stadtmuseum zu sehen. Harald Morsch ist aber nicht nur Fotograf. Als Herausgeber des führenden Veranstaltungsmagazins „das Heft" weiß er seit über 30 Jahren, was in dieser Stadt läuft und ist selbst bereits eine feste Institution in Paderborn.

Kunst und Kultur haben ihren festen Platz in Paderborn. Im frisch modernisierten Stadtmuseum an der Abdinghofkirche wird das in seiner ganzen Spannbreite deutlich. Denn das Museum hat sowohl Platz für Historisches als auch für moderne Ansichten und Kunst. Das Spektrum reicht vom Kreuzgang des alten Abdinghofklosters Bischof Meinwerks über viele Einzelobjekte bis hin zu wechselnden Sonderausstellungen. Das Museum präsentiert sich modern und aufgeräumt mit einem ansprechenden Konzept. Zudem bietet der alte Klostergarten immer wieder Platz für spannende Mitmachaktionen, etwa Glockenguss und andere alte Handwerkstechniken.

◂▸

„Schwarz, Münster, Paderborn", lautet die scherzhafte Steigerungsform mit der ostwestfälischen Stadt als Superlativ. Dabei wird Paderborn ein hinterwäldlerischer Katholizismus unterstellt, der inzwischen eigentlich längst überwunden ist. Schließlich zeigen gerade zwei prominente Kirchen, dass der erste Blick täuschen kann. Die Abdinghofkirche (links) als altes Kloster des Bischofs Meinwerk ist seit Mitte des 19. Jahrhunderts evangelische Hauptkirche der Stadt. Die Marktkirche (rechts), eine ehemalige Jesuitenkirche mit imposantem Barockaltar mitten in der Stadt, gehört seit der Säkularisation dem Staat, die Katholiken sind dort nur Gäste.

▸▸

Eine eigentümliche Stimmung befällt die Besucher im alten Bußdorfstift (nächste Doppelseite), ebenfalls eine Gründung von Bischof Meinwerk aus dem Anfang des 11. Jahrhunderts. Seine Idee war es, mit seinem großen Privatvermögen rings um den großen Dom in allen vier Himmelsrichtungen Kirchen und Klöster zu stiften. Damit wollte er seinen Einzug in das Himmelreich absichern. Meinwerk schaffte nur drei Kirchen, er verstarb einen Tag nach der Weihe der Bußdorfkirche, deren runde Türme an die Grabeskirche in Jerusalem erinnern. Er hatte mit Wino von Helmarshausen extra einen Abt nach Jerusalem geschickt, der dort Maß nahm, damit die Bußdorfkirche dem Vorbild exakt nachgebaut werden konnte.

Der Stolz der Stadt. Das Rathaus im Stil der Weserrenaissance macht etwas her und ist neben dem Dom das meistfotografierte Stück Paderborn. Im Bild ist der Rathausplatz mit dem Ensemble des historischen Rathauses, dem ehemals jüdischen Kaufhaus Steinberg & Grünebaum sowie im Hintergrund dem altehrwürdigen Gymnasium Theodorianum zu sehen. Alle drei Gebäude wurden durch Bomben zerstört und nach dem Krieg wieder aufgebaut. Vom Rathaus standen nur noch der Giebel und einige Mauern im Erdgeschoss, der Wiederaufbau dauerte bis 1958.

Das große Rathaus im Stil der Weserrenaissance drückt übrigens den ganzen Bürgersinn der Stadt aus. Es wurde von 1613 bis 1620 im Auftrag von Fürstbischof Dietrich von Fürstenberg durch Hermann Baumhauer errichtet. Trutzig und verspielt zugleich wirken die Arkaden im Erdgeschoss, darüber erstreckt sich der große Ratssaal, der bis heute benutzt wird. Die Bemalung in weiß mit grauen Absetzungen von Fenstern und Säulen entspricht dem Originalzustand aus dem 17. Jahrhundert. Typisch für den Baustil der Weserrenaissance ist die klare Gliederung der Bauteile mit der Betonung der Fläche. Die Fenster sind scharf eingeschnitten und wirken als Einzelelemente. Das Rathaus dient bis heute für die Sitzungen des Stadtrates der 153.000-Einwohner-Stadt sowie für offizielle Empfänge. Im Erdgeschoss befindet sich ein Trauzimmer sowie eine Familienberatungsstelle.

Der Blick in den Himmel, vorbei an den Fassaden des Neuen Platzes zwischen Rathaus, Dom und Kamp, endet in einem Glasdach voller Lichter. Moderne Architektur hat mitten in der Stadt Einzug gehalten. Bis es soweit kommen konnte, wurde jahrelang gebaut und gegraben. Wer in Paderborns Innenstadt auch nur einen Stein im Boden bewegen will, der muss erst einmal die Denkmalschützer fragen. Als die alte Volksbank und die Kammerspiele aus Kapazitätsgründen abgerissen wurden, klaffte nach den archäologischen Grabungen ein bis zu 14 Meter tiefes riesiges Loch im Boden. Es zeigte den alten Domsteinbruch. Nach der intensiven Erforschung wurde es wieder zugebaut. Archäologisch interessante Funde sind heute in den Neubauten wie der Tiefgarage der Volksbank und dem Theater sichtbar.

Heute ist das alles chic, modern und ansprechend. Zwischen dem Neuen Platz und der Grube (ein Straßenname) kann man neben dem neuen Theater, Restaurants, Cafés und Geschäften auch Lichtinstallationen im Boden sowie eine große Videoeinrichtung mit interessanten Effekten bewundern. Früher bildeten die Häuser dort übrigens ein ziemlich verschachteltes Viertel, in dem sich neben den alten Kammerspielen und der Kaufhalle auch die verruchte Palette-Bar sowie ein Erotikkino befand. Mitten in Paderborn, wer hätte das gedacht?

Caféhäuser haben in Paderborn Konjunktur. Ob direkt am Neuen Platz oder im ehemaligen Kaufhaus Steinberg & Grünebaum – überall finden die Menschen ein Angebot, um sich bei einer guten Tasse Kaffee zu treffen. Dabei wird deutlich, dass Paderborn eine junge Stadt ist. Studenten bestimmen das Bild in den Straßen. Gerade der Rathausplatz ist beliebter Anlaufpunkt für die Schüler des benachbarten Gymnasiums Theodorianum. Die stark wachsende Kreativszene trifft sich am Neuen Platz bei frisch geröstetem Kaffee in allerlei Variationen.

Beachtenswert ist die Geschichte des großen ehemaligen Kaufhauses Steinberg & Grünebaum (rechter Bildrand). Es entstammt der Planung des im Jahre 1910 in Deutschland führenden Kaufhausarchitekten Otto Engeler aus Düsseldorf. Er baute für den aus Geseke stammenden jüdischen Kaufmann Siegmund Grünebaum dieses imposante Gebäude. Grünebaum musste nach dem Druck durch Boykotte und antijüdische Unrechtsgesetze seine Firma auflösen und starb 1935. Seine Erben verpachteten ab 1936 und „durften" dann 1941 verkaufen. Im Bombenhagel wurde das Kaufhaus schwer beschädigt und 1950 nach einer gütlichen Einigung mit den Erben im alten Stil wieder aufgebaut.

Wer Lissy Ishag fragt, wo ihr Lieblingsplatz in Paderborn ist, dem nennt sie bestimmt das Ükern- oder Hafenviertel (rechts). Schon als Schülerin war der gebürtigen Marsbergerin (links) klar, dass sie einmal in Paderborn leben möchte. Genau das wurde mit dem Start des Studiums wahr. Auch danach blieb sie Paderborn als freie Mitarbeiterin bei Radio Hochstift treu. Der Jugendwunsch, zum Radio zu gehen, wurde dann mit dem Volontariat bei Radio NRW in Oberhausen endgültig verwirklicht. Doch einen Rückzugsort in der von ihr geliebten Stadt hat sie immer behalten. Viele Paderborner kennen Lissy noch aus der WDR-Lokalzeit. Doch heute ist die Journalistin bundesweit zu sehen, als Moderatorin der ZDF-Sendung „Hallo Deutschland". 300 Kilometer trennen sie dann von ihrem Zuhause. Meist bleibt sie fünf Tage in Mainz beim ZDF, bevor sie wieder heimkehrt. An Paderborn habe sie ihr Herz verloren, sagt die Mutter zweier Kinder. Sie genießt es, direkt an der Pader zu leben, wo sie oft mit dem Rad unterwegs ist. Einfach perfekt sei die Mischung aus Stadt und Land. Das Wasser des Quellgebietes, die Natur, die Spaziergänge mit Kindern und Hund liebt sie. Wer Lissy trifft, darf sie übrigens gern ansprechen; in Paderborn fremdelt sie keinesfalls.

Eine grüne Stadt ist Paderborn. Das liegt nicht nur am Wasser der Pader mit ihren unzähligen teils dicht bewachsenen Quellarmen. Auch sonst ziehen sich viele Grüngürtel durch die Stadt. Der Wallring um die Innenstadt setzt den ersten Akzent. Dazwischen wächst und gedeiht es in den Wohnvierteln. Beliebt ist die Grünachse aus der Stadt an der Maspernhalle vorbei zum Schützenhof und zum Rolandsbad. Oder auch die Gegend um den Liboriberg, wo die Kirschblüten im Frühjahr besondere Akzente setzen, während im Herbst eher die Planten mit ihrer Laubfärbung das Bild bestimmen.

Neben der Pader gibt es noch einige kleine Bächlein wie den Rothebach (rechts) oder den Springbach. Manche von ihnen führen nicht immer Wasser, sondern fließen nur bei hohem Grundwasserstand oberirdisch und verschwinden ansonsten in den Kalk- und Schotterschichten. Von solchen Phänomenen haben Paderborn und die angrenzende Hochfläche einiges zu bieten. All das hängt mit der geologischen Struktur des Eggegebirges zusammen. In den dort hochgefalteten Karstschichten fließt das Wasser talabwärts, bis es in Paderborn auf eine Lehmschicht stößt. Dort wird das Wasser hochgezwungen und strömt mit Gewalt aus dem Boden. Daher rühren die vielen Quellen der Pader.

Ursprüngliches gibt es in Paderborn vieles. Gegensätze ziehen sich dabei oft an, so wie an der Mühlenstraße. Die eine Seite der Straße prägt das kirchliche Paderborn mit dem mittlerweile von der ersten Klasse bis zum Abitur ausgebauten Schule im Michaelskloster. An der Ecke residiert ein italienisches Eiscafé, stilecht auf dem Bild mit einem historischen Fiat 500 vor der Tür.

Auf der anderen Seite arbeitet mit Paderborns letzter Mühle noch ein großer Handwerksbetrieb mitten in der Stadt. Teils noch mit dem Strom aus der Kraft des eigenen Wassergenerators angetrieben, kann Müllermeister Ingo Fiedler dort mit drei Gesellen täglich 120 Tonnen Getreide mahlen. Angeliefert werden die Körner in bis zu drei großen Sattelzügen täglich. Mit einer Ausbeute von 80 Prozent werden daraus die Mehlmischungen für das Brot der Bäckerei Reineke in Salzkotten. Die Reinekes mit dem berühmten roten Fuchs als Markenzeichen (in der Mahlstube hinten an der Wand) hatten 1957 die letzten beiden Mühlen in Paderborn gekauft und zu einer zusammengeschlossen. Seitdem betreiben sie sie ausschließlich für den Bedarf der eigenen Backstube in der Nachbarstadt. Dort zählt das Paderborner Landbrot seit über 100 Jahren zum Verkaufsschlager. Wer in Deutschland ein „Paderborner" verlangt, der weiß das angeschobene Roggen-Weizenmischbrot zu schätzen. Das Mehl bei Reinekes stammt zum großen Teil aus der Mühle direkt an der Pader. Mehr Paderborn geht nicht!

Paderborn, das bedeutet Leben. Die Stadt ist von Quellen durchzogen und über den Quellen der Pader hat Kaiser Karl auch seine Pfalz bauen lassen. Wasser ist etwas sehr Lebendiges, es sprudelt und quirlt an vielen Stellen. Allein aus 200 Quellen in der Stadt drücken bis zu 9000 Liter Wasser in der Sekunde hoch. In der im Eggegebirge hochgefalteten Karstschicht fließt das Wasser unterirdisch den Hang herunter, bis es in Paderborn auf eine Lehmschicht trifft. Dort drückt es dann mit einer so unbändigen Kraft hervor, dass es die Pader zu einem der wasserreichsten Quellflüsse Deutschlands macht. Leider muss sie beim Zusammenfluss mit der bis dahin nur wenige Meter längeren, aber viel schmaleren Lippe ihren Namen einbüßen. Dieses Handycap schmerzt die Paderborner insgeheim bis heute ein wenig.

Wer als Paderborn-Kenner gelten will, der kennt sie, die einzelnen Quellarme in der Stadt: Beginnend bei der Dielenpader neben der Stadtbibliothek über die Rothobornpader unterhalb der Kaiserpfalz, die Börnepader unterhalb der Abdinghofkirche und die Dammpader direkt daneben bis hin zu der um einige Grad wärmeren Warmen Pader im Hauptquellgebiet. Unterhalb von Reinekes Mühle und Maspernhalle stößt noch die Maspernpader (links) dazu. Ihr Quellbecken ist ganz neu gestaltet worden und lädt Eltern und Kinder zum Spielen im frischen Quellwasser ein. Bei der Stümpelschen Mühle (rechts), in der jetzt ein Café seine Türen geöffnet hat, ist die Pader komplett.

Große Namen haben dort schon auf der Bühne gestanden. Erfolgreiche Sinfoniker und launige Comedians. Rockgrößen und Ballgäste waren unter den Akteuren und Besuchern. Die Paderhalle am großen Maspernplatz in Paderborn ist zwar schon ein wenig älter. Als sie 1981 gebaut wurde, galt sie aber als eine der modernsten Hallen in Deutschland. Regelmäßig ist sie modernisiert worden und kann von der Bühnentechnik her bis heute voll mithalten. Diese Möglichkeiten verleihen dem roten Backsteinbau mit dem Blechdach auch ihr ungewöhnliches Aussehen. Denn der Bühnenaufzug gibt dem Dach seinen unverwechselbaren Buckel.

Innen bietet die Maspernhalle Platz für bis zu 2000 Ballgäste oder – bestuhlt – für über 1000 Konzertbesucher. Die Hauptbühne mit 250 Quadratmetern plus Orchestergraben und Nebenbühnen lässt dann auch einem so großen Ensemble wie dem der Carmina Burana (Bild) ausreichend Raum. Die Parkplätze vor der Tür sind ebenfalls optimal für solche großen Veranstaltungen geeignet und bezeugen die Weitsicht der Stadt: Eine so zentrumsnahe Halle mit Infrastruktur haben nicht viele Großstädte.

Diese öffentliche Stadtbücherei ist unverwechsel-
bar: Die Bibliothek Paderborn ist im 350 Jahre
alten Barockgebäude der ehemaligen Domde-
chanei untergebracht. Sie liegt unterhalb von
Dom und Kaiserpfalz auf einer idyllischen Insel
zwischen den Quellen von Dielen- und Rothobornpader. Erbaut wurde das stattliche Gebäude bis 1678 von Barockbaumeister Ambrosius
von Oelde. Erster Bewohner war der damalige
Domdechant und spätere Bischof Werner von
Wolf-Metternich zur Gracht. Das Gebäude wurde später säkularisiert und das Königreich Preußen nutzte es ab 1815 als Amtsgericht. Heute
gehört es mit dem großen Vorplatz und dem
angrenzenden verwunschenen Geisselschen
Garten der Stadt.

Bei einem Bombenangriff brannte das reprä-
sentative Haus 1945 aus, allein die Fassade
blieb stehen. In diese alte Gebäudehülle stellten
Architekten dann einen selbsttragenden Gebäu-
dekörper – eine hervorragend gelungene Lösung.
Der Vorplatz, der heute nach dem ehemaligen
Paderborner Kardinal Johannes Joachim Degen-
hard benannt ist, bietet allerlei kulturellen Veranstaltungen vom Keramikmarkt bis zum Freiluftstück
des Theaters Platz. Im angrenzenden innerstäd-
tischen „Urwäldchen", dem Geisselschen Garten,
lernten jahrzehntelang die Schülerinnen der benachbarten Mädchenschulen der Nonnen das
streng verbotene Knutschen und Rauchen.

Gegensätze bietet die Marienstraße, die vom Rathaus zur Westernmauer führt, ganz sicher. Im oberen rechten Teil gibt es noch einige Häuser mit alter Bausubstanz. Der Kupferkessel, eine alteingesessene Familien-Gastronomie mit zeitweilig internationaler Auszeichnung, ist dort zu finden. In ihr kocht Gilbert Scheid, wie er sagt, seit 20 Jahren „aus purer Leidenschaft". Für den gebürtigen Paderborner mit Piratentuch ist das vom Vater übernommene Lokal der Ort, an dem er sich für seine Gäste kreativ ins Zeug legen kann. Wechselnde Karten, überraschende Menüs und eine Top-Qualität sollen die Stadt kulinarisch „aufmischen". Der Name Kupferkessel täuscht übrigens. Innendrin ist das Restaurant chic, moderne Kunst hängt an den Wänden. Und auf den Teller kommt sehr oft Fisch in allerlei Variationen.

Gegenüber ein ganz anderes Bild. 70er-Jahre-Beton, zum großen Klotz aufgetürmt, bildet die Fassade für die Königsplätze. Seit Jahren versucht die Stadt, diese Bausünden aus vergangener Epoche abzumildern. Mit vielen Millionen wurden die Plätze über einer großen Tiefgarage aufgehübscht. Mit dabei sind die „heißen Bänke", die es wegen ihrer im Sommer heißglühenden Kupferabdeckungen bereits ins Satire-TV geschafft haben. Eine spezielle Kunststoffbeschichtung soll das Sitzen auf den Holzbänken nun auch im Sommer ungefährlich machen.

Graffitikunst im Paderquellgebiet: Da, wo das Gelände des Michaelsklosters an den Park grenzt und heute die neu aufgebaute Wasserkunst ist, wurde dieses Stück Mauer für die Künstler freigegeben. Fünf Jahre lang konnten sich die Sprayer an ihrer „Hall of fame" austoben. Zum Schluss gab es noch einen richtigen Wettstreit. Kurz darauf wurden die Steine abgebrochen, um dem Neubau der Grundschule auf dem ehemaligen Schulhof Platz zu machen. Der Verweis auf die „letzte Runde" ist dort auf die Situation gemünzt.

Das Paderquellgebiet war dort immer Treffpunkt für viele Gruppen. Schüler nach der Schule, Jugendliche am Abend oder Halbstarke haben das Gebiet genutzt, um einmal ohne direkte Aufsicht unter sich zu sein. Wer übrigens mehr Graffiti sehen will, der muss weiter flussabwärts gehen, an der Mühle durch die Toreinfahrt, um dann auf den neu gestalteten Vorplatz der heutigen Drogenberatungsstelle zu kommen. Dort strahlt die ganze Häuserfassade als einziges Willkommen für Paderborn. Das Titelbild neben dem Vorwort stammt übrigens auch von der Wand der Mühle. Das ist alles andere als Schmiererei – Graffiti wird zur echten Kunst.

Die Quellen der Rothobornpader entspringen nur für Eingeweihte sichtbar unterhalb der Kaiserpfalz sowie im Keller des Eckhauses (im Bild rechts). Stadtführer leuchten dort durch die hinteren Kellerbutzen auf ein eingefasstes Becken, in dem es zwischen den Getränkekisten der Bewohner munter sprudelt und dann unter dem Weg hindurch in den Paderarm fließt.

Der Lebensader der Paderborner auf der Spur war Julian Jakobsmeyer. Der junge Kreative entstammt einem Medienunternehmen, in dem alle Familienmitglieder mittun. Und so kam er auch bereits als Zehnjähriger mit der Kamera seines Vaters zum Filmemachen. Dass das seine große Berufung ist, zeigt der handwerklich versierte Endzwanziger in seinen Filmen. Zwei davon spielen in Paderborn. In ihnen hat sich Jakobsmeyer auf die Suche nach den Erlebnissen der Paderborner gemacht. Mit Zeitzeugen hat er die Bombenangriffe und die Zerstörung Paderborns 1945 aufgearbeitet. Der zweite Film dreht sich um die Zeit des Wiederaufbaus und die Wirtschaftswunderjahre. Interviews, nachgestellte Szenen und Dokumaterial lassen die jüngste Geschichte der Stadt in beiden Filmen handfest lebendig werden.

◀

Paderborn liegt an den Quellen der Pader. Große Quellbecken bringen auch im trockensten Sommer noch gehörige Mengen Wasser hervor. Der Blick in die Becken lohnt sich, dort sprudelt es allerorten aus dem Boden. An der Dielenpader (Bild) gibt es eine ganz besondere Stelle, an der jeder Fremdenführer seine Gruppe einmal auf dem Rasen hüpfen lässt. Wer dann ein wenig wartet, sieht kurz darauf die Blasen in den Quellen sprudeln. Das funktioniert nur an dieser einen Stelle, ist aber immer ein großes Aha-Erlebnis.
Der Blick auf dem Bild führt über das Quellbecken und die von Bischof Meinwerk gebaute zweite Pfalz, die später verfiel und erst im Trümmerschutt nach dem Krieg wieder lokalisiert, ausgegraben und aufgebaut wurde, zum großen Dom. Der stammt in seinem heutigen Zustand größtenteils aus dem 13. Jahrhundert und besticht durch seinen mächtigen romanischen Turm. Der Dom steht noch auf der Karstklippe, die dem gewaltigen Bau einen festen Untergrund bietet. Knapp unter ihm laufen dann die Paderquellen aus dem Gestein heraus.

▶

Mit den Füßen getreten wurde das Pflaster vor dem Dom in allen Jahrhunderten. Der Domplatz ist der zentrale Marktplatz in Paderborn und bietet für den Wochenmarkt mehr Fläche als der Platz vor dem Rathaus. Das Diözesanmuseum im Hintergrund ist übrigens ein recht moderner Bau. Gestartet ist es ursprünglich als Fehlplanung. Denn der erste Wiederaufbau in den 70er Jahren funktionierte nicht als Museum, ließ zu viel Sonnenlicht herein und war klimatisch eine Katastrophe. Daran änderte auch die bis heute kritisierte mächtige Fassade mit Bleielementen nichts. Also entschloss sich das Erzbistum zu einem großen Umbau. Was von außen oft wegen der Massigkeit kritisiert wird, zeigt sich seitdem innen als wahres Schmuckkästchen. Das Museum ist in mehrere Zwischen- und Halbetagen aufgeteilt und hat immer wieder große Sonderausstellungen konzipiert. Die Karolingerschau, die Präsentation der Zeit des Investiturstreites bis zum Gang nach Canossa oder die Credoausstellung haben großes Interesse geweckt.

Dass der Domplatz früher eine andere Funktion hatte, zeigen die Funde der vergangenen Jahre. Denn ein großer Teil des Platzes diente einmal als Friedhof. Das haben die Archäologen bei den großen Bauarbeiten der vergangenen Jahre herausgefunden, bei denen der Platz einmal von links auf rechts gedreht wurde. Nach der Kartierung der archäologischen Funde und der Verlegung dicker Kabelbündel wurde das Pflaster ganz neu gestaltet. Die alten Basaltsteine wurden teils wieder als Parkflächen eingebaut. Damit der Paderborner aber nicht vergisst, welch wechselvolle Geschichte der Untergrund vor dem Dom einmal hatte, ist eine Inschrift eingelassen worden, die auf den alten Friedhof hinweist.

▶▶

Die Stelle, an der heute das Diözesanmuseum steht, war vor dem Krieg ganz anders bebaut und hat eine für die Entwicklung der Medizin wegweisende Vergangenheit. In dem dortigen Fachwerkhaus war eine Apotheke untergebracht, in der Friedrich Sertürner 1805 das Morphium entdeckte. Sertürner war gebürtig aus Schloss Neuhaus und lernte als Apothekergehilfe in Paderborn. Bei seinen Forschungen fand er heraus, dass im Opium eine organische Verbindung vorkommt (Alkaloid), die Patienten in einen besonders tiefen Schlaf fallen lässt. Er nannte diesen Stoff nach dem Gott des Schlafes, Morphin. Bei den Selbstversuchen an sich und drei Freunden entging er einmal nur knapp dem Tod. Sertürner wurde noch zu Lebzeiten als großer Chemiker gefeiert und zog von Paderborn nach Einbeck und Hameln, wo er eigene Apotheken betrieb.

Bunte Stühle weisen als Kunstobjekte vor der Franziskanerkirche darauf hin, dass es sich lohnt, während des Einkaufsbummels auch einmal innezuhalten. Diese zehn bunten „halben" Sitze, die von der Künstlerin so angelegt sind, dass sie erst nutzbar sind, wenn sie zusammengeschoben werden, entstammen dem Kunstprojekt „Tatort Paderborn", das 2014 die ganze Innenstadt zum Objekt genommen hat. Dieses Modell der inzwischen in Wien lebenden gebürtigen Mülheimerin Dorothee Golz ist von der Stadt aufgekauft worden und ersetzt die sonst üblichen Gitterrohrbänke.

Von der Muße im Sitzen versteht auch er etwas: Antonius Linnemann ist in Paderborn so bekannt wie seine bunten Buchrücken. Der Buchhändler betreibt mit seiner Frau Katharina seit Jahrzehnten Buchhandlungen in der Stadt. Unter Kollegen galt er bundesweit als Vorreiter, weil er 1977 im dritten Stock eines Kaufhauses sein Geschäft eröffnete. Später dann machte er auch in der Westernstraße eine Filiale auf. Linnemann war immer ein Pionier, wenn es darum ging, neue Ideen im Marketing zu finden, Autoren durch Lesungen zu fördern oder Veranstaltungen mit hochkarätigen Vortragenden in die Stadt zu holen. Seine Lautsprecherdurchsagen im Laden waren legendär. Nach vielen Berufsjahren hat er sich nun zur Ruhe gesetzt, seine Buchhandlung wird mit seinem Sohn Markus in einer Kooperation weitergeführt.

◄

Hoch über den Köpfen trohnt Maria auf dem gleichnamigen Platz mitten in der Stadt. Umgeben von zwölf Linden schaut die Muttergottes auf das geschäftige Treiben um sich herum. Sie hat dabei vieles erlebt, hat die alte Westernstraße noch mit Pferde-Fuhrwerken und später mit Straßenbahnen und Autos gesehen. Die Mariensäule wurde 1861 als eines seiner ersten großen Werke vom österreichischen Künstler Caspar von Zumbusch geschaffen und misst zwölf Meter in der Höhe. Die Nischen sind mit verschiedenen Figuren ortsbekannter Heiliger wie des heiligen Liborius, des heiligen Meinolf, Karls des Großen und Heinrichs II. verziert.

►

Mit seinem Buch *Cautio Criminalis* hat er die Welt verändert. Friedrich Spee hat als Jesuit ab 1623 in Paderborn gewirkt, lehrte an der theologischen Fakultät (Hintergrund) als Professor für Moraltheologie und war zugleich auch Domprediger. Nachdem er in Peine bei konfessionellen Unruhen schwer verletzt worden war, wandte er sich in Paderborn dem Projekt zu, das ihn berühmt machen sollte. Sein zunächst anonym veröffentlichtes Buch wendet sich gegen den Hexenwahn und dabei insbesondere gegen die Urteile, die aufgrund von Folterungen zustande gekommen waren. Die in Paderborn geschriebene *Cautio Criminalis* wurde später in einer schärferen Form in Rinteln gedruckt und war einer der Hauptgründe für das Ende der Hexenprozesse in Deutschland. Spee bekam der Erfolg des Buches nicht so gut, er verlor seine Paderborner Stelle und wurde vom Orden nach Trier befohlen. Dort starb er 1635, als er sich bei der Pflege von pestkranken Soldaten ansteckte.

Die Vielfalt der Einkaufsmöglichkeiten ist groß in Paderborn, viele Auswärtige fahren zum Shopping in die Stadt. Die einen besuchen das 1969 bei seiner Eröffnung wegweisende und seitdem auf bundesdeutschen Spitzenplätzen vertretene Südringcenter. Die anderen parken noch rund um die City und gehen dort bummeln. Während in den Toplagen mittlerweile viele große Ketten untergekommen sind, lohnt sich der Blick in die Nebenstraßen. Da stechen besonders die Einkaufsstraßen wie der Kamp oder die Grube, Rosenstraße oder Rathauspassage hervor. Dort finden sich bis heute inhabergeführte Geschäfte, die ihren ganz eigenen Charme haben.

Dass man qualitativ erstklassige Mode zu günstigen Preisen verkaufen kann und so vielfach engagierter ist als die Großen der Branche, das zeigt das Modehaus Lippegaus. Es ist das mittlerweile älteste Geschäft am Kamp. Seit über 50 Jahren verkaufen Udo und Christel Lippegaus Bekleidung für Damen und Herren. Ein besonderes Angebot sind dabei immer die Marken-Oberhemden aus deutscher Produktion. Dabei zeigen die Paderborner Kaufleute, dass ein Besuch im Geschäft besser ist als der Online-Einkauf. Udo Lippegaus erkennt die Konfektionsgröße seiner Kunden auf einen Blick und kann zielgerichtet beraten. Ans Aufhören haben die beiden Paderborner, obwohl sie schon in den Siebzigern sind, noch nicht gedacht. Dafür macht ihnen das Geschäft einfach noch viel zu viel Freude.

# Feste Feiern

## Von Libori bis zum Stadtfrühstück

Dass der Paderborner ein wilder Partygänger sein soll, ist eher nicht bekannt. Dafür steckt nun doch zu viel der ostwestfälischen Gene in ihm. Aber dass er passend zur Stelle ist, wenn ein wirklich gutes Fest ansteht, das ist durchaus verbürgt. In Paderborn gibt es mit dem Liborifest eines der ältesten und größten Volksfeste in Deutschland. Mag es mit diesen Superlativen auch immer so eine Sache sein: die Geschichten über uralte Liborifeiern stimmen. Das Fest geht auf das Jahr 836 zurück, als die Paderborner sich „ihren" Heiligen zwecks Ankurbelung der Christianisierung aus dem französischen Le Mans abholten. Seitdem wird immer am Samstag nach dem 24. Juli eine Woche lang Libori gefeiert. Im Anfang dauerte das Fest rund um den Dom nur vier Tage; die neuntägige Kirmes kam dann im Jahr 1521 als „Magdalenenmarkt" hinzu. 1857 wurde das Fest platzmäßig geteilt. Der Pottmarkt blieb rund um den Dom aufgebaut, die Kirmes wanderte auf den Liboriberg, wo sie bis heute in jedem Jahr zweimal aufgebaut wird: im Sommer und zum Herbstlibori.

Libori, das heißt für den Paderborner zur besten Sommerzeit eine Woche lang Freunde zu treffen und auch Gastgeber für bis zu 1,8 Millionen Besucher zu sein. Libori zählt mit zu den friedlichsten Familienfesten der Republik, selbst Taschendiebe haben kaum eine Chance. Viele Sauerländer oder Menschen vom Hellweg kommen für einen Tag in die Stadt, um beim Liborius zu beten. Oder um sich wie die Paderborner mit Pötten und Pannen einzudecken. Wenn die Busse Fähnchen auf den Dächern tragen, dann wird es fröhlich in der Stadt. Das wissen auch die jungen Leute zu schätzen.

Aber auch im Jahreskreis hat Paderborn zugelegt. Nahtlos vom Frühlingsfest bis zum Weihnachtsmarkt ist fast an jedem Wochenende etwas los in der Stadt. International, mit Sport oder Musik, buntem Budentreiben oder kulinarisch in der Topklasse. Elegant wird es beim „Hochstift à la Carte" im Paderquellgebiet, wenn die Gastronomen der Stadt auftischen. Aufmerksamkeit ist auch garantiert, wenn sich im Zirkuszelt hinterm Schloss in Neuhaus bei den Paderborner Performance-Tagen alles trifft, was in Comedy, Artistik oder Kleinkunst den Durchbruch schaffen will. Die Veranstaltung gibt seit Jahren Festplanern aus ganz Deutschland die Chance, neue Stars zu verpflichten.

Auch kulinarisch hat die Stadt etwas zu bieten, man kann durchaus auf Sterneniveau speisen. Um zu zeigen, was die Gastronomen und Köche der Region im Angebot haben, veranstaltet die Stadt einmal im Jahr das Fest „Hochstift à la carte". Dann werden im Paderquellgebiet viele Tische und Bänke aufgebaut und aus stilvollen Pagodenzelten heraus werden die Speisen gereicht. Deftig westfälisch, Bioküche oder exotisch und extravagant, da haben die vielen Besucher die Auswahl. Livemusik und Unterhaltung, Lasershow und Feuerwerk bieten den passenden Rahmen, der das Schlemmerwochenende an den Quellen immer Ende August zum Erlebnis macht.

Der kürzeste Weg nach Griechenland führt zu „Jassas griechische Feinkost" im Paderborner Riemekeviertel. Dort können die Kunden das griechische Lebensgefühl genießen. Heike Bergmann hat aus dem Laden vor mehr als sieben Jahren eine feste Anlaufstelle für griechische Feinkost gemacht. Das Geschäft mit Bewirtung ist seitdem ein fester Treff zum Mittagstisch oder zu kulinarischen Abenden, wie dem Angebot „Schlemmen wie die Götter". Dort finden zu festgelegten Terminen unterschiedliche Tastings statt. Im Geschäft verkauft sie mit ihrem Sohn Marvin viele Produkte aus familiengeführten griechischen Betrieben, die sie alle persönlich kennen. Ihre Waren importieren die Paderborner direkt. Zu ihrem festen Kundenstamm zählen auch andere Einzelhändler und Restaurants.

Tafeln auf dem Marktplatz mit bester Unterhaltung, das war ein ganz außergewöhnliches Erlebnis in den vergangenen Jahren. Ab und an gibt es diesen großen Pader-Brunch, bei dem die Werbegemeinschaft lange Reihen aus Tischen und Bänken aufstellen lässt. Über 1000 Menschen, ob Familien, Vereine oder Nachbarschaften buchen dort Plätze, um gemeinsam in ihrer Stadt zu feiern. Alles Essen wird mitgebracht, die Musik und Unterhaltung gibt es dazu. Sonntagsmorgens ist das natürlich Jazz vom Feinsten, auch den gibt es in Paderborn stilecht und mit bühnenreifer Darbietung der Paderborner „Sidney's Jazz Compagnie".

Eine einzigartige Kulturpromenade längs der Pader gestaltet die Stadt jedes Jahr im Juni. Auf den vier Kilometern von den Quellen bis zur Mündung in die Lippe beim Schloss in Neuhaus gibt es an dem quirligen Fluss jede Menge Kunst und Aktionen, Dinge zu bestaunen und Mitmachaktionen. Clowns und Akrobaten erfreuen die Wanderer längs der Fluten dabei ebenso wie lebende Kunstwerke. Der wandernde Märchen-Baum Ed Wood (Bild) ist eine der besonderen Attraktionen. In jedem Jahr gibt es ein eigenes Motto, und wenn das Wetter stimmt, dann ist die „Pader Kultour" ein fabelhafter Einstieg in den Veranstaltungssommer.

Er hat eine ganz schöne Karriere hingelegt, der Heilige Liborius, Schutzpatron von Stadt, Dom und Bistum. Bis zu seinem Tod im Jahr 397 war er 50 Jahre lang Bischof in Le Mans. Sein Freund, der Heilige Martin von Tours, soll ihn beerdigt haben. Nach 400 Jahren kam eine Anfrage der Paderborner an die Franzosen. Sie suchten zur Stärkung der Christianisierung einen Heiligen. Als Reliquien waren damals Heilige begehrt, die unversehrt, also ganz waren. Im Jahr 836 kamen die Gebeine des Liborius in einem langen Fußmarsch über Köln bis nach Paderborn. Dem Zug soll ein Pfau vorhergeflogen sein, der sich in Paderborn auf die Turmspitze des Domes setzte und dort dann tot herunterfiel. Bis heute wird dem Liboriusschrein deshalb ein Pfauenwedel vorweggetragen. Der damit betraute Diakon hat als „pavoni caudafer" ein weltweit einzigartiges kirchliches Amt, das es nur in Paderborn gibt.

▶

Für die Umsetzung der Reliquien zu Beginn des Liborifestes (rechts) ist Prälat Thomas Dornseifer aus dem Domkapitel Paderborn zuständig. Er stellt in der Krypta den hölzernen Reliquienkasten zur Libori-Pontifikalvesper in den prachtvoll gearbeiteten Schrein. Dann wird der Heilige „zur Ehre der Ältäre erhoben" und durch die Kirche getragen. Dazu erklingt dreimal der berühmte Libori-Tusch, eine Bläserfanfare aus dem Oratorium Paulus von Mendelssohn Bartoldy. Die Bläsergruppe dazu findet sich in jedem Jahr nur für diese Aufführung zusammen. Echte Paderborner haben dabei Tränen der Rührung und Ergriffenheit in den Augen.

Mit dem heiligen Liborius nahmen das Christentum und die Pilgerei in Paderborn einen regen Aufschwung. Jedes Jahr wird nach dem Gedenktag des Heiligen am 23. Juli eine Woche lang gefeiert. Wohlüberlegt hatte der Bischof, der zugleich immer auch Fürst in Paderborn war, erst vier Tage Heiligenfest verordnet und den Menschen dann weitere fünf Tage Volksfest genehmigt. Was er bei der feierlichen „Erhebung des heiligen Liborius zur Ehre der Altäre", also der Umbettung aus der Krypta in einen vergoldeten Schrein, der von Samstag bis Dienstag im Hochaltar steht, nicht im Kollektensäckel hatte, bekam der Bischof als Landesherr über die Abgaben auf das Volksfest herein.

Wenn also die Gläubigen in die Fahrgeschäfte auf dem Liboriberg stiegen, verdienten der Bischof und auch die Kaufleute daran mit. Das mag erklären, wieso sich das kirchliche und das weltliche Fest so harmonisch zusammenfügen in Paderborn. Das Riesenrad dreht sich auf dem Berg und die Menschen bevölkern die Stadt, während zeitgleich im Dom in nur acht Tagen zwölf Pontifikalämter (feierliche Bischofsmessen) gefeiert werden. Das ist die einzigartige Mischung aus Weihrauch- und Mandelduft, Weihwasser und Bier, welche die Menschen an Libori so begeistert. Vielleicht rührt daher der Spottvers auf das „katholisch schwarze" Paderborn.

Pötte und Pannen, also Töpfe und Pfannen kauft der Paderborner einmal im Jahr auf dem Pottmarkt. Dazu dann noch Gewürze, Fensterputzer, Krippenfiguren, Miederwaren, Haushaltsmesser, Putzlappen und andere Dinge, die das Leben leichter machen. Der Pottmarkt auf Libori rund um den Dom ist legendär. Dort gibt es fast alles zu kaufen, weiße Arztsocken im Zehnerpack inklusive. Das begeistert auch die Nonnen, die bis vor einigen Jahren von ihrer Mutter Oberin einen Tag frei und Libori-Taschengeld bekamen. Besondere Attraktionen sind übrigens die Verkaufsschauen für Gemüsehobel, Mikrofasertücher und andere Wunderdinge für den Haushalt. Oder die Damenmiederstände, die sogar eigene Umkleiden haben.

Gut behütet sollten Libori-Besucher übrigens sein. Denn entweder knallt in der Woche von Libori der Lorenz, soll heißen, brennt die Sonne im Nacken. Oder es schüttet aus Eimern. Den Ausstellern ist es egal, der Zulauf an Käufern ist garantiert. Und gratis gibt es in jedem Jahr an Liboridienstag den Segen dazu: bei der Prozession mit dem schweren Schrein zwischen den Reihen der Marktstände. Das hält dann ein ganzes Jahr und sichert gute Geschäfte. Schausteller und Aussteller nutzen übrigens Libori, um dort in Paderborn vor Gott die Ehe zu besiegeln, Kinder taufen zu lassen und sonstige kirchliche Regularien zu erledigen.

Eine Woche lang Volksfest zu Libori, das bedeutet Aktivitäten in der ganzen Innenstadt. An jeder Ecke stehen Bierbuden und Bühnen, ab Nachmittag schwillt die Laustärke an. Die Bewohner der Innenstadt machen da schon einiges mit. Aber wie schmettern die Besucher abends: „Libori ist nur einmal im Jahr". Besonders attraktiv ist beim Musikprogramm der Franz-Stock-Platz, der ein wenig versteckt rechts in einer Gasse neben dem Rathausplatz liegt. Dort gibt es eine Bühne für außergewöhnliche Musikrichtungen und für Newcomer. Neuerdings finden auch Musikparties statt, bei denen alle Besucher Kopfhörer tragen. Nach außen ist da für die Anwohner Stille, aber alle haben Spaß.

Zu den Neuentdeckungen von Libori zählt Matthias Lüke schon lange nicht mehr. Auf dem Fest mitten im Sommer tritt der Musiker aus Paderborn aber trotzdem gerne noch auf. Vom Stil her schreibt der Singer-Songwriter „tiefsinnige und reife, hoffnungsvolle sowie mitreißende und lustige Songs", wie über ihn nachzulesen ist. Hauptsache, es werde den Zuhörern dabei warm im Bauch, beschreibt der sympathische Lockenkopf, wieso er so leidenschaftlich Musik macht. Sein Debütalbum hat er 2014 herausgebracht, seitdem läuft es bei ihm beruflich mit Auftritten in ganz Deutschland rund. Doch nach Hause kommt er immer wieder zurück. Paderborn will der erfolgreiche Musiker gegen keine Stadt in Deutschland tauschen.

In jedem Jahr Ende Oktober feiern die Paderborner mit kurzem kirchlichem Zeremoniell und einwöchiger Kirmes ein denkwürdiges Ereignis, das sich vor knapp 400 Jahren ereignet hat. Denn das Glück und der Wohlstand, den Liborius in seinem vergoldeten Schrein den Paderbornern gebracht hatte, rief auch Neider auf den Plan und machte die Stadt erpressbar. So eroberten die Truppen des lutherischen Herzogs Christian von Braunschweig 1622 Paderborn. Angesichts des katholischen Prunks plünderten die Landsknechte den Domschatz und entführten den Schrein mit den Gebeinen des Heiligen. Der Herzog, damals bekannt als „toller Christian", lachte sich ins Fäustchen, dass er den berühmtesten Katholiken Paderborns gekidnappt hatte und machte sich gehörig lustig über die Paderborner: Er ließ den Schrein einschmelzen und prägte daraus dann Münzen. Die trugen die Aufschrift: „Gottes Freundt, der Pfaffen Feindt".

Nachdem man die Paderborner gehörig hatte zappeln lassen, bekamen sie den Heiligen nach fünf langen Jahren der Verhandlungen gegen eine stattliche Lösegeldsumme wieder zurück. Die Paderborner holten die Gebeine ab und feiern seitdem am Tag der Rückgabe, dem 25. Oktober, den Gedenktag „Klein-Libori" quasi als zweites Heiligengedenken. Um den Holzsarg ließen sie vom berühmten Künstler Hans Krako einen neuen Schrein bauen. An die Schmach der Entführung und den großen Triumph über die Rückführung erinnern bis heute noch einige der Braunschweiger Pfaffenthaler, die darin eingesetzt wurden. Und das kleine Liborifest im Herbst.

Hell strahlt die große Tanne zum Weihnachtsmarkt vor dem historischen Rathaus. Dezent
geschmückt und rundherum makellos präsentiert
sich das gute Stück. In jedem Jahr geht wieder
die Frage durch die Stadt, wer denn noch solch
einen großen Baum in seinem Garten stehen hat,
der gefällt werden muss. Für manchen Hausbesitzer sind kostenfreie Fällung und Abholung ein
Glück. Für die Stadt war es ein Segen, dass sich
immer wieder ein passender Spender gefunden
hat. Nur einmal musste bisher ein Baum im Sauerland gekauft werden, weil die Bedingungen der
Paderborner Gartenbesitzer bei der Abholung
nicht zu erfüllen waren. Die Weihnachtstanne vor
dem Rathaus ist bis zu 16 Meter hoch und rund
1,5 Tonnen schwer.

Für Kinder ist die Weihnachtsstimmung in Paderborns Innenstadt etwas Besonderes. Zuckerzeug
und Leckereien, dazu Kinderpunsch und kleine
Attraktionen machen für sie diese Zeit vor Weihnachten aus. Dazu kommt natürlich noch die
Spannung vor der Bescherung. Damit das seinen
Rahmen findet, sind die Fenster des großen Rats-
saals mit 24 bunten Kinderbildern gestaltet. An
jedem Tag im Dezember wird ein neues aufge-
deckt. In jedem Jahr beteiligen sich die dritten
und vierten Klassen der Stadt an einem Malwett-
bewerb für diesen Adventskalender. 850 Bilder
aus 44 Klassen von zwölf Schulen waren es im
vergangenen Jahr, die gesichtet werden mussten.
Eine Jury wählt die schönsten Bilder aus, alle anderen werden in der Kinderbibliothek präsentiert.

Glühwein, Brezel, Zuckerwerk: Der Weihnachtsmarkt in Paderborn wird auf dem Marktplatz am Dom aufgebaut. Über die Grube und den neuen Platz ziehen sich dann die Stände bis vor das Rathaus. Den ganzen Dezember über füllt sich die Stadt an jedem Abend mit Menschen, die sich gemeinsam auf Weihnachten freuen. Der Weihnachtsmarkt ist der Gegenentwurf zum lauten Liborifest. Die Geselligkeit spielt aber eine gleich große Rolle. In Firmenstärke oder nachbarschaftsweise sind die Gruppen unterwegs. Damit der Kommerz nicht allein bestimmt, gibt es einige caritative Stände. In der Ehrenamtsbude der Stadt beispielsweise können sich alle Vereine präsentieren. Auch die Glühweinbuden der Lions vor dem Dom oder der Rotarier vor dem Theater sind ein Beispiel dafür, dass sich in Paderborn Menschen für die gute Sache engagieren.

Programm gibt es immer wieder auf den Weihnachtsmärkten in Paderborn wie auch in Schloss Neuhaus oder den Ortsteilen. Blasmusik und offenes Weihnachtsliedersingen auf dem Markt sind dafür Beispiele. Der Marktplatz für Bürger-Engagement in Paderborn initiiert am Wochenende des vierten Advents den „größten Chor der Stadtgeschichte" und lädt alle Paderbornerinnen und Paderborner zum gemeinsamen Weihnachtssingen ein. Noten und Texte gibt es online. Mehrere tausend Menschen kommen dann auf den Platz, um für eine Dreiviertelstunde gemeinsam zu singen.

# Jenseits der Stadtmauer

## Wirtschaft, Bildung, Sport

Beschaulichkeit und Rush Hour, mit diesem Wechselspiel empfängt die Stadt ihre Besucher. Wirkt Paderborn bisweilen auch kleinstädtisch, so zeigt sie sich besonders morgens und abends als Großstadt, Verkehrsinfarkt inklusive. Denn der Pendelverkehr ist ungleichmäßig verteilt. Genau 44.500 Menschen, vorwiegend aus Salzkotten, Borchen, Delbrück, Lippspringe und Büren pendeln ein. Nur 25.000 Menschen dagegen pendeln aus, und zwar vor allem nach Bielefeld, Salzkotten oder Lippspringe. Dann ist morgens und abends Stau angesagt – besonders auf der B1 aus Salzkotten und Büren kommend. Aufgrund der alten Eisenbahnbrücke wird die Fahrbahn im Ortseingang einspurig. Da hilft dann nur Geduld, um entschleunigt in die Stadt einzufahren. Bald soll die Brücke erneuert werden, vielleicht entschärft das ja das Nadelöhr. Aber vielleicht hilft das ja auch, Paderborn zu entdecken – mit Langsamkeit.

Einpendler sind aber nicht nur die Menschen, die in Paderborn Arbeit gefunden haben. Auch die mittlerweile 20.000 Studentinnen und Studenten wollen an ihr Ziel und morgens aus dem Umland anreisen. Dass Paderborn ein Zentrum der Bildung ist, zeigen nicht nur die großen Gymnasien und Berufsschulen. An die 30 Schulbusse innerhalb von 20 Minuten am Neuhäuser Tor sind morgens ein Beweis dafür, dass auch Bildung ein wichtiger Faktor für die Attraktivität der Stadt ist. Neben der Uni gibt es auch die katholische Hochschule, eine frühere Fachschule für Religions- und Sozialpädagogik und die Fachhochschule der Wirtschaft. Mit den Neben-Instituten rund um die Uni macht das ein wichtiges Pfund aus, mit dem Paderborn wuchern kann.

Da lässt sich verstehen, dass die Menschen nach so viel Arbeit und Bildung den Ausgleich suchen. Paderborn ist nicht ohne Grund eine Sportstadt mit einigen erstklassigen Mannschaften. Da glänzt nicht nur mit dem SC Paderborn der Fußball, sondern auch Tennis, Badminton, Squash, Leichtathletik, Baseball, Football und Sportschießen. Immerhin ist Paderborn die Stadt mit dem ältesten deutschen Straßenlauf, der seit 1946 jedes Jahr mehrere tausend Aktive anzieht. Champions gibt es in Paderborn durchaus viele, manche lassen sich nur nicht sofort auf den ersten Blick erkennen.

Vor dem Bahnhof steht ein Baum im Baum. Zwölf Zentimeter dick und nur gut drei Meter hochgewachsen ist der Stamm des kleinen Apfelbaumes, der dort innerhalb einer Skulptur gepflanzt ist. Die umgibt ihn wie ein Schutz – oder auch wie eine Maßvorgabe. Sechs Meter hoch und acht Meter breit, gefertigt aus verzinktem Stahl ist der Rahmen. Das Werk stammt von dem Berliner Künstler Christian Hasucha und trägt den bezeichnenden Titel „später sein wird". Geschenkt hat das Kunstwerk der Stadt Paderborn die Sparda Bank aus Düsseldorf. Deren Kunst- und Kulturstiftung hatte sich Paderborn wegen des hohen Stellenwertes der Kunst in der Stadt ausgesucht. Gekostet hat die Skulptur 100.000 Euro und nach anfänglicher Häme über das mickerige Apfelbäumchen haben sich die meisten damit angefreundet.

Was mit dem Hauptbahnhof passiert, seit 1850 neben dem Kasseler Tor und dem Nordbahnhof die Haupt-Haltestelle in der Stadt, ist eine lange Geschichte, die irgendwann doch ein gutes Ende finden soll: Nachdem in den vergangenen Jahrzehnten immer wieder alle Modernisierungspläne der Bahn gescheitert sind, will ein Paderborner Privatinvestor dort neu bauen. In seinem sechsstöckigen Betongebäude soll ein Hotel und in den unteren beiden Etagen das Reisezentrum untergebracht werden. Gegenüber bestechen das Arbeitsamt und das Finanzamt Paderborn mit immerhin aufgehübschten 60er-/70er-Jahre-Fassaden. Dahinter liegt das Kreishaus mit seiner Verwaltung, das aus der gleichen Bauepoche stammt.

Der Nabel der Erreichbarkeit per Schiene ist Paderborn nicht unbedingt. Denn auch wenn die Stadt an einer zentralen Verkehrsachse der Bahn gelegen ist, wurden immer weitere Verbindungen gestrichen. Heute fährt täglich nur noch ein ICE aus Düsseldorf nach München und zwei IC von Düsseldorf nach Gera und Leipzig über Paderborn. Die durchaus zahlreicheren regionalen Züge führen weiterhin über Hamm und Soest ins Ruhrgebiet, zu den großen Fernstrecken nach Bielefeld und Kassel sowie nach Warburg und per S-Bahn nach Hannover. Großer Staat ist mit dem Bahnhof nicht zu machen, weitere Reisen sind immer mit Umsteigen verbunden.

Dabei sind die Strecken für den Güterverkehr quer durch Deutschland umso wichtiger. Die wenigen noch beschrankten Bahnübergänge in der Stadt sind deshalb fast ständig geschlossen. Viele Firmen, allen voran Benteler mit seinen Werken, haben noch einen Schienenanschluss, der regelmäßig genutzt wird. Auch das Ausbesserungswerk der Bahn nahe dem Nordbahnhof, in dem Radsätze und Achsen aufgearbeitet werden, hat sich über die Jahre retten können und ist mittlerweile zentraler Vertriebssitz für Güterwagen der Bahn. In Glanzzeiten haben dort einmal 2000 Menschen gearbeitet und von Paderborn aus den Güterverkehr der Bahn in Fahrt gehalten.

Stahlarbeiteratmosphäre mitten in Schloss Neuhaus: Wenn der große Ofen auf Touren ist, dann kommen in der Werkshalle des Warmbetriebs bei Benteler Steel/Tube die Mitarbeiter wie Betriebsingenieur Jerome Volmer (rechts) ins Schwitzen. Zu Beginn der Fertigung rollt ein Stahlrohling in die Halle und wird auf bis zu 1250 Grad Celsius erhitzt. Fast weißglühend wird dann in die Mitte ein Loch gepresst (Mitte hinten), in das auf der folgenden Stoßbank (links) eine 17 Meter lange Dornstange gestoßen wird. Wie durch Zauberhand entsteht in etlichen Walzgerüsten ein glühend heißes, nahtloses Vorrohr (Bild links), das dann in dünne, nahtlose Rohre gewalzt wird. Verbaut werden diese überall dort, wo hohe Drücke herrschen, beispielsweise im Automobilbau. Druckpatronen für Airbags oder Gurtstraffer werden in solche Werkstücke von Benteler eingepasst.

Mit Rohren kennt sich die Firma Benteler aus. Das Unternehmen begann vor über 100 Jahren in Schloss Neuhaus mit deren Fertigung. Im Hauptwerk schräg gegenüber vom Schloss in Neuhaus werden nahtlose Rohre aus glühendem Stahl gewalzt. Im Werk am Bahnhof in Paderborn werden Endlosrohre geschweißt. Produkte von Benteler sind in nahezu jedem Auto weltweit zu finden. Besonders bei Komponenten und Modulen für Fahrwerk, Karosserie, Motor- und Abgasanwendungen sowie Systemlösungen im Bereich Elektromobilität ist die Firma gefragt. Sie werden im Werk an der Talle gefertigt. Weltweit gibt die Benteler-Gruppe rund 30.000 Menschen Arbeit, davon rund 7000 in Ostwestfalen. Zum Schichtwechsel prägen die Mitarbeiter von Benteler mit ihren teils traditionellen Blaumännern das Stadtbild von Paderborn. Mittlerweile prangt der blaue Firmenschriftzug auch an der Benteler Arena, dem Stadion des Fußball-Bundesligaclubs SC Paderborn 07.

Manfred Keller und seine Schuh-Bar in der Widukindstraße scheinen aus der Zeit gefallen zu sein. Alles in dem Geschäft ist noch exakt so wie bei der Eröffnung im Jahr 1970. Alles, inklusive des Schuhmachers. Denn Manfred Keller ist bereits in seinen 80ern, aber ans Aufhören denkt er noch lange nicht. Wieso denn auch, fragt er, er würde doch sonst nur herumsitzen. 1953 kam der gebürtige Schlesier, der in Bentfeld aufgewachsen ist, in die Lehre, danach arbeitete er in Schuhhäusern und bei Salamander. Nach seiner Meisterprüfung zog es ihn in die Selbstständigkeit. Fünf Schuhmacher gab es damals in seiner Gegend, Bedarf und Konkurrenz waren groß. Heute ist er der Letzte seiner Art im Viertel. Weil er 1976 das Haus kaufen konnte, blieb sein Geschäft im Gründungszustand erhalten. Seitdem wohnt er direkt hinterm Laden, geöffnet hat er noch halbtags. Seine Kunden wissen das zu schätzen. Denn bei Manfred Keller gibt es erstklassige Reparaturqualität und viele Lösungen für allerlei Probleme, vom Weiten der Schuhe bis zum Annähen von Lederflicken. Seine Maschinen schnurren noch wie eh und je und seine Preise sind günstig. Vorkasse gibt's nicht, er hat mit den Paderbornern gute Erfahrungen gemacht. Nur selten wurde ein Paar nicht wieder abgeholt. Solange es Manfred Keller noch gut geht, will er geöffnet halten. Dann lohnt ein Besuch bei ihm, denn sein hintersinniger Humor und seine freundliche Art sind es allemal wert, ihm ein paar Schuhe zum Herrichten zu bringen.

Mutter Pauline von Mallinckrodt hat im Garten der von ihr gegründeten Gemeinschaft die letzte Ruhestätte gefunden. Dort, in der Krypta der Conraduskapelle, liegt sie begraben. Vor 170 Jahren hatte die gebürtige Mindenerin in Paderborn die Gemeinschaft der Schwestern der Christlichen Liebe gegründet. Galt zunächst den Blinden allein Ihre Aufmerksamkeit, so engagierte sie sich mit ihren Mitschwestern bald auch für Mädchenbildung und Waisenbetreuung. Alten und kranken Menschen galt zudem ihr Augenmerk. Pauline von Mallinckrodt, Tochter eines evangelischen preußischen Oberregierungsrates und seiner katholischen Frau, entschied sich bewusst für ein Leben als Ordensfrau. Sie war schon zu Lebzeiten für ihre Fürsorge und Liebenswürdigkeit bekannt. Diese Hinwendung zu den Menschen ist bis heute in besonderer Weise ihren Schwestern spürbar zu eigen.

Fünf Klöster sind in Paderborn noch in ihrer Bestimmung. Neben den Barmherzigen Schwestern, den Vincentinerinnen (seit 1841) an der Busdorfkirche leben hier auch die Schwestern der Christlichen Liebe, im Volksmund auch Mallinckrodtschwestern genannt (seit 1849). Das ehemalige Kloster der Klarissen (1926) wurde geschlossen, die Nonnen sind seit 2014 bei den Franziskanerinnen in Salzkotten untergekommen. Das älteste Frauenkloster der Stadt und zugleich Westfalens ist das der Augustiner Chorfrauen, die seit 1658 im Michaelskloster an der Pader als Schulschwestern wirken. Im Stadtteil Neuenbeken liegt das Missionshaus (1914) der Schwestern vom kostbaren Blut (Mariannhill). Mitten in der Stadt gibt es mit dem Franziskanerkloster (1657) in der Westernstraße noch eine einzige Männerkongregation, dort leben und arbeiten 14 Brüder in Armut und Gebet.

◀

Das Kloster der Mallinckrodtschwestern bietet eine Idylle mitten in der Stadt, die ihresgleichen sucht. Die dortige Doppel-Lindenallee auf dem Gelände des Mutterhauses der Schwestern der Christlichen Liebe an der Mallinckrodtstraße beginnt mit dem Blick auf die Kapelle, in der seit 1954 eine Kopie der Muttergottes von Fatima steht. Tagsüber lädt sie zum Besuch, zum Meditieren und zur Zwiesprache mit dem Herrgott ein.

▶

Die dem heiligen Konrad geweihte Kapelle am gegenüber liegenden Ende der Allee hat eine besondere Geschichte. Bischof Konrad Martin legte den Grundstein für das kleine Kirchlein, ohne zu wissen, welche Bedeutung der Bau noch einmal für ihn haben sollte. Im Kulturkampf musste der Bischof flüchten und kam bei den Schwestern in Belgien unter, wo er 1879 verstarb. Pauline von Mallinckrodt holte seinen Leichnam auf eigene Verantwortung mit der Bahn nach Paderborn zurück. In der Conraduskapelle wurde er ins Grab gelegt, bis er sechs Tage später dann seinen zustehenden Platz in der Krypta des Domes erhielt. Nach nur zwei Jahren folgte Pauline ihrem Bischof, der 1866 ihr dauerhaftes Ordensgelübde entgegengenommen hatte, in die Grablege und ganz sicher auch ins Himmelreich.

Mitten aus der Stadt mit dem Rad längs der Pader durchs Grüne, das ist eine der schönsten Radtouren, die sich in Paderborn machen lässt. Direkt hinter der Stümpelschen Mühle, am Ring, wo die Pader mit allen Quellarmen komplett ist, schließen sich die Paderwiesen an. Vom Sommer bis zum Herbst ist der Rasen unter den weit ausladenden Bäumen stets dicht bevölkert. Junge Menschen lassen sich an der dort stahlblauen noch nährstoffarmen Pader nieder und feiern gemeinsam das Leben.

Im Park dort an der Pader stehen auch zwei Kriegerdenkmale. Sie erinnern an die Garnisonsgeschichte der Stadt. Immer waren fürstbischöfliche Truppen in Paderborn oder Schloss Neuhaus stationiert, später wurden sie durch kaiserliche Soldaten abgelöst. In den Befreiungskriegen im 19. Jahrhundert wurden sie ebenso eingesetzt wie im ersten Weltkrieg. Daran erinnern zwei Standbilder, die regelmäßig Opfer von Farbbeutelattacken werden. Der überlebensgroße steinerne Infanterist in den Paderwiesen wurde erst 1934 aufgestellt und sollte nach dem Krieg zerstört werden. Ein Bauunternehmen rettete die Figur und vergrub sie. 1955 hatte sich die Stimmung gedreht und das Standbild wurde wieder ausgegraben und aufgestellt.

Kein Geringerer als der große Kirchenbaumeister Arnold Güldenpfennig, der allein über 50 Kirchen gebaut hat, zeichnete die Pläne. Gebaut wurde die Langenohlkapelle auf dem Paderborner Ostfriedhof im Jahr 1868. Das neugotische Gotteshaus diente lange Jahre als Aussegnungskapelle. Benannt ist sie nach dem damaligen Initiator ihrer Erbauung, dem Kaplan Josef Gustav Langenohl. Bis in die 30er Jahre des vergangenen Jahrhunderts wurde die Kapelle genutzt, dann bekam sie Konkurrenz durch einen besser geeigneten Neubau und fiel in einen Dornröschenschlaf, aus dem sie erst 2004 eine Initiative des Paderborner Bürgerschützenvereins erweckte, der sich für eine Sanierung der durch starken Wasserbefall in den Mauern beschädigte Kapelle einsetzte. Nach einer über einjährigen Bauzeit unter Begleitung der Denkmalschützer wurde die Kapelle vollständig saniert und technisch nachgerüstet. Seitdem wird sie nun neben Trauerfeiern auch als Konzertraum und für Kunstausstellungen genutzt.

„Langenohlkapelle leuchtet!" ist eine Veranstaltungsreihe mit Kulturprogramm. Alle Termine finden in der historischen Kapelle auf dem Ostfriedhof statt. Zu den Veranstaltungen gehören Konzerte, Ausstellungen sowie Lesungen. Die Reihe trägt Ihren Namen nicht ohne Grund: Für die sanierte Kapelle wurden im Rahmen eines Wettbewerbes von dem renommierten Künstler Tobias Kammerer neue Fenster entworfen. In der Kapellenreihe werden diese mitsamt den Außenmauern besonders beleuchtet.

Sabine Voß ist mit Herz und Seele Yogalehrerin, Mantraforscherin, Mantrasängerin, Unternehmerin und in erster Linie Visionärin. Die studierte Pädagogin und Sprach- und Medienwissenschaftlerin betreibt seit 2005 die Yogaschule „ruheraum Paderborn". Mit ihr stößt sie immer wieder auch neue Projekte an. So ist sie Ideengeberin und Kuratorin der Aktion „Langenohlkapelle leuchtet!". Die Reihe, die in Zusammenarbeit mit der Stadt Paderborn im Oktober 2017 begonnen hat, ist außergewöhnlich allein schon durch den Veranstaltungsort, die historische Kapelle auf dem Ostfriedhof. Sie verlief bislang so erfolgreich, dass viele der Konzerte bereits im Vorverkauf ausverkauft waren. Die Idee dahinter ist es, die neugestaltete Langenohlkapelle „gleich einem Juwel zum Leuchten zu bringen" und Menschen einzuladen, bei ausgewählten Veranstaltungen auf dem Ostfriedhof eine besondere „innere Erfahrung" zu machen, erklärt die Paderbornerin.

Als Begründerin, Inhaberin und Geschäftsführerin realisiert Sabine Voß seit 2005 in ihrer Yogaschule „ruheraum Paderborn" unterschiedliche Projekte. Ihnen allen zu eigen ist das Bemühen, Menschen „mit kleinen, feinen Dingen mit Herz" wieder die Ruhe nahezubringen. Sabine Voß schlägt Brücken zwischen Bereichen, die zunächst unvereinbar scheinen, aber die in ihrer Kombination Menschen inspirieren und einladen zu besonderen inneren Erfahrungen. Sie lebt, wie sie selbst sagt, für die Vision, Yoga im Ganzen zu leben.

Hoch über den Köpfen der Stadt steht der Herrmann auf dem Eckhaus an der Detmolder Straße und reckt sein Schwert wie zum Gruß seinem übergroßen Ebenbild entgegen, dem 21 Kilometer entfernten Hermannsdenkmal bei Detmold. Zum 1900-jährigen Jubiläum der Varusschlacht, in der im Jahr 9 nach Christus Hermann der Cherusker (Arminius) die Legionen des Varus schlug und die Römer zum Rückzug aus Germanien zwang, wurde die kleine Kopie auf dem Hausdach errichtet. Hausbesitzer und Bauunternehmer Franz Tölle hatte beim Bildhauer Anton Fecke den Auftrag dazu gegeben, den 54 Meter hohen Hermann in Detmold zu kopieren. Doch statt wie dort ein Stahluntergerüst mit Kupferblech zu belegen, baute Fecke den sechs Meter hohen Hermann aus Stein nach. Während des Krieges wurde das Haus durch Fliegerbomben beschädigt, aber der Eckturm mit dem Cheruskerfürsten blieb unzerstört. Nach einem Sturm im Jahre 1960 drohten Arm und Schwert der Figur herunterzufallen. Die Feuerwehr rückte mit ihrer Leiter an und demontierte beides. Das Kupferschwert wurde in den folgenden Jahren gestohlen und erst 1988 konnten der restaurierte Arm sowie ein neues Schwert wieder am Kleinen Herrmann angebracht werden. Nach einer Restaurierung erstrahlen das Haus und die Figur wieder in bestem Glanz. Die Straßennamen des umgebenden Viertels beziehen sich übrigens auf die Varusschlacht.

Sie haben es sich in ihrer Kneipe gemütlich gemacht. Im Sputnik, einer der angesagtesten Locations von Paderborn, legen Simone Schneider und Adda Schade immer genau das auf, was sie trendig finden. Die Beiden sind ein Paar und seit 2010 die Wirte in der alteingesessenen Kneipe in der Imadstraße. Als die Beiden sie wiederentdeckten und Pächter wurden, haben sie umgeräumt und neu konzipiert. Der neue Name – Sputnik eben – passt gut zum Programm. Denn wenn Adda Schade den Elektrobeat selbst macht, wird es spacig. Gerade arbeitet der Mittfünfziger an seinem nächsten Album, auch wenn oft die Zeit fehlt, denn zwischen dem Tagesgeschäft in der Kneipe und den Ambitionen als Musiker bastelt das Paar gern an neuen Veranstaltungen. Beide haben viele Konzepte im Kopf und setzen sie auch um. Ihr Sputnik soll der kulturellen Szene ein Zuhause bieten, haben sie sich fest vorgenommen. So viel Engagement rund um Kultur und Musik wurde 2018 mit der Paderborner Kulturnadel geehrt.

Dass das Sputnik dabei der Ort ist, an dem sich viele Menschen im Viertel wohlfühlen, hängt unter anderem auch an den Kreationen, die das Wirtepaar präsentiert. So haben sie nach eigenen Angaben den „Mexikaner" nach Paderborn gebracht, eine Mischung aus Tomatensaft und Hochprozentigem. Immerhin bewerten Google und Facebook das Sputnik als „beste Kneipe Paderborns".

Die Uni Paderborn wächst so schnell, dass manche fast den Überblick verloren haben, wo das anfängt und aufhört. Zentrumsnah zwischen Husener und Warburger Straße hat sich der Campus mittlerweile auf beachtliche Ausmaße ausgedehnt. Die rege Bautätigkeit ist allerdings kein Wunder, denn große wissenschaftliche Ehren, ein stattliches Forschungsbudget aus Drittmitteln sowie eine offene Atmosphäre kennzeichnen die Uni. Sie baut zwar auf ganz alten Wurzeln auf, feiert in ihrer jetzigen Organisationsstruktur aber demnächst erst das 50-jährige Bestehen.

Dass Paderborn ein guter Standort für Lehre und Forschung ist, haben schon die Fürstbischöfe durch die Gründung von Westfalens ältester Universität, der Theologischen und Philosophischen Fakultät im Jahr 1614 erkannt. Friedrich Spee war dort in den Anfangsjahren Dozent und Professor. Nach der Säkularisation 1803 wurde diese Hochschule als kirchliche Universität weitergeführt, woran sich seit über 200 Jahren nichts geändert hat. In der Stadt wurde nach dem Krieg eine Pädagogische Akademie für Lehrerfortbildung gegründet, die 1962 zur Pädagogischen Hochschule (PH) wurde. Zur einer „richtigen" weltlichen Uni kamen die Paderborner dann im Jahr 1972, als sie aus mehreren Vorgängerinstituten im westfälischen Raum die Gesamthochschule Paderborn bildeten. 17 Fachbereiche mit 87 Studiengängen in Soest, Meschede, Höxter und Paderborn wurden zusammengefasst. Nach nur drei Jahren änderte diese Hochschule ihren Namen in „Universität Gesamthochschule" und seit 1980 darf sie den Titel Universität auch offiziell führen.

Das ist für eine Bildungsreinrichtung noch recht jung. Die Studiengänge Maschinenbau und Lehramt machten die Schwerpunkte der ersten Jahre aus. Mittlerweile hat sich die Uni Paderborn aber kräftig entwickelt. Die Bautätigkeit ist nur ein Pa-

rameter, in jedem der vergangenen Jahre wurden rings um den Campus neue große Gebäude errichtet und eingeweiht. Heute gibt es fünf Fakultäten: Kulturwissenschaften, Wirtschaftswissenschaften, Naturwissenschaften, Maschinenbau sowie Elektrotechnik, Informatik und Mathematik. Im Bereich der Chemie stellt Paderborn eine Trägerin des renommierten Leibniz-Preises, zudem ist sie mit zwei Professoren in der Leopoldina, der nationalen Akademie der Wissenschaften, vertreten.

An der Universität Paderborn sind derzeit über 20.000 Studierende eingeschrieben, zu über drei Viertel stammen sie aus Nordrhein-Westfalen, die Hälfte studiert sogar wohnortnah. 14.000 von ihnen sind für einen Bachelor-Studiengang eingeschrieben, 4500 haben einen Master als Ziel, rund 800 Promotionsstudierende gibt es. 2500 Menschen haben ihren Arbeitsplatz in der Uni, 10 Prozent davon sind Professoren. Das Jahresbudget der Uni beträgt 212 Millionen Euro, hinzu kommen noch 52 Millionen Euro an Drittmitteln.

Was passiert mit den Menschen, wenn die Maschinen übernehmen? Mit der Industrie 4.0, dem Szenario einer weitgehend vollständigen Technisierung von Entwicklungs- und Produktionsprozessen, beschäftigt sich der Lehrstuhl für Produktentstehung des Heinz-Nixdorf-Instituts der Universität Paderborn. Unter Leitung der renommierten Professorin Dr. Iris Gräßler sind Studenten und wissenschaftliche Mitarbeiter damit beschäftigt, mit Fertigungszellen aus Drehmaschine, Fräsmaschine und 3-D Druckern, verschiedenartigen Robotern, einem Materialflusssystem und Rechnersystemen lokal und über das Internet vernetzt eine zukünftig denkbare Produktion zu simulieren. Für Laboringenieur Ulrich Hüsken, Daniel Roesmann und Alexander Pöhler (an den Produktionseinheiten von links), die ein kleines Elektroauto herstellen lassen, bedeutet das, nicht mehr die Maschinen direkt zu steuern, sondern deren intelligente und bedarfsgesteuerte Kommunikation untereinander zu überwachen und erforderlichenfalls einzugreifen. Die Trennlinien zwischen Maschinenbau und Informatik verschwinden in dieser modernen Simulation an der Uni Paderborn, deren Ergebnisse wegweisend für die weitere Entwicklung der Industrie sein können.

Jürgen Sonntag ist ein Mann des Untergrunds, auch wenn man dem seriösen Herrn aus dem Riemekeviertel das nicht ansehen mag. Seine Vergangenheit führte ihn zwölf Meter unter den schwer gesicherten Grenzstreifen zwischen Westberlin und der DDR. Sonntag hat sechs Monate seines Studentenlebens an der Freien Universität Berlin als Tunnelbauer unter Tage gearbeitet. 57 Menschen entkamen damals in zwei Fluchtnächten aus der DDR. Damit ist der 130 Meter lange Tunnel, an dem Sonntag als einer von 15 Westberlinern gegraben hatte, der erfolgreichste in der Geschichte der innerdeutschen Grenze.

Wie war der Mathematik- und Physikstudent zum Fluchthelfer geworden? An der Universität hatte er unter anderem Wolfgang Fuchs kennengelernt, den Initiator einer Gruppe junger Männer, die im Frühjahr 1964 damit begonnen hatte, sich von der Bernauer Straße unter dem Grenzstreifen Richtung Strelitzer Straße durchzugraben – ein großes Unterfangen, das neben Kraft und Einsatz auch Geld verschlang. Allein die Belüftung und Technik für den Stollen, die Seilwinden für Ein- und Ausstieg, die Logistik und Geheimhaltung kosteten Geld. Finanziert wurde das damals aus geheimen Bundesmitteln sowie Zahlungen von Medien für spätere Berichte. Die Fluchthelfer erhielten natürlich kein Geld.

Doch Studenten sind keine gelernten Tunnelbauer und so war ein früherer Grabeversuch von Fuchs auf einem freien Kohlenlagerplatz in Ostberlin geendet. Auch der zweite Tunnel aus der stillgelegten Bäckerei in der Bernauer Straße, der mit Hilfe von Bergmannswissen aus dem Ruhrgebiet – und unter Mithilfe des inzwischen zur Gruppe gestoßenen Jürgen Sonntag – angepackt wurde, endete nicht wie vorgesehen in einem Keller, sondern im zum Haus gehörigen Toilettenhäuschen.

Das erwies sich als Glücksfall: Durch die leere Klogrube konnten in zwei Nächten im Oktober 1964 insgesamt 57 Menschen in den engen, feuchten Tunnel einsteigen und nach Westen fliehen. Sonntag suchte die Fluchtbereiten an diesen Tagen auf und schleuste sie zu den Treffpunkten. Auch seine damalige Freundin erwartete er, doch sie machte einen Rückzieher. Dann flog die Sache auf, es gab mitten in der Nacht einen Schusswechsel und einer der DDR-Grenzsoldaten, Egon Schulz, starb im Kugelhagel. Jahrzehntelang wurde den West-Fluchthelfern der tödliche Schuss angelastet, bis sich nach der Wiedervereinigung durch die DDR-Akten herausstellte, dass der Grenzsoldat versehentlich von den eigenen Kameraden erschossen worden war.

Für Jürgen Sonntag waren diese Monate zwischen Hoffen und Bangen, zwischen Freude, Zuversicht und Angst sein ganzes Leben lang von großer Bedeutung. Er wollte damals helfen, ein politisches Signal setzen und die Mauer untergraben, aber auch ein wenig Abenteuerlust war im Spiel. Als Fluchthelfer und Kurier war er oft in Ostberlin gewesen, um die Kontakte mit den Fluchtwilligen aufrecht zu erhalten. Nach dem Schusswechsel durfte er nicht mehr nach Ostberlin, das war zu gefährlich.

Sein beruflicher Weg führte Sonntag als Lehrer an ein Westberliner Gymnasium. Dann kam 1972 der Wechsel nach Paderborn, wo er das Bildungszentrum für informationsverarbeitende Berufe Paderborn sowie die Fachhochschule der Wirtschaft mit aufbaute. Als Geschäftsführer bestimmte er deren Geschicke lange mit. Bis heute ist es dem knapp 80-Jährigen wichtig, anderen vom Tunnelbau zu erzählen. Nicht als Räuberpistole, sondern als Beleg dafür, wie wichtig Freiheit und Demokratie sind. In Vorträgen, die er immer wieder einmal in Schulen hält, erzählt er dann die Geschichte von Wiedervereinigung und friedlichem Europa als Hoffnung für eine Welt, in der vor knapp 60 Jahren Menschen noch durch enge Tunnel in die Freiheit kriechen mussten. Jürgen Sonntag erhielt im Oktober 2012 für seinen besonders ungewöhnlichen und mutigen Einsatz in Berlin mit anderen Fluchthelfern das Bundesverdienstkreuz am Bande.

»MY LOVE FOR HUMANS WILL NEVER FADE!«

*hitchBOT*

◀◀

Einmal um die Welt, das hat er nicht ganz geschafft. Aber Mühe hat sich der kleine Roboter namens HitchBOT schon gegeben. 2014 startete er selbsttätig als Anhalter durch Kanada. Ein Zwilling von ihm ging von München aus über die Niederlande in die USA auf die Reise. Dort wurde er brutal überfallen und ausgeschlachtet. Doch wieder reaktiviert kam er ins Heinz Nixdorf Forum (HNF) nach Paderborn. Dort zeigt er jetzt, was in solch einem Roboter alles stecken kann.

◀

In Erinnerung an den großen Pionier der Stadt wurde das HNF-Computermuseum gegründet. Als Präsentationsfläche dient die 1972 nach den Grundideen des Stararchitekten Mies van der Rohe erbaute ehemalige Firmenzentrale. Nach dem Tod Nixdorfs saßen 100 Fachleute, zwölf Wissenschaftler und ein Dutzend Innenarchitekten zusammen, um im Auftrag der Heinz-Nixdorf-Stiftung dieses einzigartige Computermuseum zu bauen. Mit brandaktuellen Sonderschauen lockt es immer wieder Gäste nach Paderborn, die von der Architektur, aber besonders von der Museums-Konzeption und den exklusiven Ausstellungsstücken begeistert sind. Computer-Pionier Heinz Nixdorf war schon ein außergewöhnlicher Mensch. In den Projekten, die er der Stadt hinterlassen hat, lebt er in seiner unkonventionellen Kreativität weiter.

▶

Kurt Bendlin steht mit beiden Beinen fest in der Alme und es gibt keinen Zweifel daran, dass er mit der Natur und sich im Einklang ist. Kein Wunder, blickt der 1943 geborene Westpreuße doch auf eine Karriere zurück, die ihresgleichen sucht und in Paderborn bis heute einzigartig ist. Denn Kurt Bendlin ist Spitzensportler, Olympia-Medaillengewinner, neunmaliger Welt- und Deutscher Meister im Zehnkampf. Heute würde man ihn als Top-Athleten bezeichnen, 1968 bei Olympia in Mexiko gab es diese Bezeichnungen noch nicht. Nach seiner Sportkarriere holte Heinz Nixdorf den stahlharten Sportler nach Paderborn, wo Bendlin dessen Lehrlinge auf Trab brachte. Statt langweiligem Schulsport machten Kurt Bendlin und seine vier Sportlehrer den zeitweise bis zu 2300 Nixdorf-Auszubildenden in Paderborn Beine. Viele von ihnen entdeckten so den Spaß am Sport und gingen gern mit dem Zehnkämpfer an ihre Leistungsgrenzen.

Weil der Weg zu den Sportstätten so weit war, baute Nixdorf für den Sportunterricht von Bendlin kurzerhand eine eigene Halle, die der Firmenmagnat dann der Stadt und ihren Bürgern schenkte. Bis heute ist der Ahorn Sportpark einzigartig, dort können alle Bürger kostenlos Breitensport betreiben. Nur der Ahornbaum, der der Halle seinen Namen gab, hat die Bauzeit nicht überstanden. Kurt Bendlin indes wohnt mit seiner Frau Martina direkt an der Alme. Früher führte sein Arbeitsweg durch den Fluss direkt in die Firmenzentrale. Heute gibt der Mann mit den immer noch beeindruckenden Muskeln und dem großen Herzen Motivationsseminare für Führungskräfte. Er schult Manager im Überlebenscamp und zeigt Kindern, wie großartig die Natur ist. Wer bei Kurt Bendlin in seinem großen Garten zu Besuch ist und ohne mindestens einen Apfel in der Tasche wieder wegfährt, der hat etwas falsch gemacht.

◄

„Poschi" steht an der Seitenlinie und feuert die Läufer beim Paderborner Osterlauf an. Der langjährige ZDF-Sportredakteur Wolf-Dieter Poschmann kommt dafür fast in jedem Jahr nach Paderborn zurück. 1975 gewann der groß gewachsene Leichtathlet den Osterlauf selbst. Nach dem Sportstudium heuerte er beim ZDF an, wurde dort Redakteur und leitete die Hauptredaktion Sport bis 2005. Bis 2016 war er noch Chefreporter. Aber seiner Liebe zu Ostwestfalen hat das keinen Abbruch getan. Nach Paderborn kommt der gebürtige Kölner immer wieder, denn über Ereignisse wie den Osterlauf hat er auch die Stadt und die Menschen lieben gelernt. Auch im Goldenen Buch der Stadt hat er sich bereits verewigt.

▶

Mit dem Osterlauf hat Paderborn ein rekordverdächtiges Event im Terminkalender. Der älteste Straßen- und Volkslauf Deutschlands startet pünktlich in jedem Jahr am Karsamstag, und das schon seit 1947. Fast 10.000 Menschen gehen dann in Sportschuhen auf die Straße und spulen die Distanzen von 5 bis 21 Kilometern ab. Die Schnellsten laufen dabei den Halbmarathon in gerade mal knapp über einer Stunde. Die Langsamen brauchen so lange, bis sie heil ankommen. Es ist ein Sportevent, bei dem nur ganz vorne die Spitzenleistung zählt und bei dem es ab dem Mittelfeld um persönlichen Ehrgeiz, sportliches Mitmachen und Freude am Ereignis geht. Der Osterlauf bewegt die ganze Stadt, das macht ihn so sympathisch.

Für eine Stadt wie Paderborn ist das Profi-Fußball-stadion an der Alme Richtung Elsen fast schon eine kleine Nummer. Immerhin bietet es 15.000 Menschen Platz auf 9200 Steh- und 5800 Sitz-plätzen. Spätestens seit dem Wiedereinzug in die 1. Bundesliga ist geplant, dass die Benteler Arena, wie das Stadion seit 2012 heißt, um wei-tere 2700 Plätze ausgebaut werden soll. Heute misst das Stadion 115 Meter in der Breite und ist 156 Meter lang, der reine Fußballplatz mit Naturrasen hat Heizung und Berieselung bereits eingebaut. Die Notwendigkeit zum Neubau kam 2005, als das alte Hermann-Löns-Stadion in Schloss Neuhaus nicht mehr vom DFB zuge-lassen wurde. In nur sechs Monaten wollte die örtliche Bremer AG den Neubau aus Stahlbeton an der Alme Richtung Elsen stemmen. Aber durch Lärmklagen von Anwohnern wurde das um zwei Jahre verzögert. Ergebnis der Klagen war, dass es keine Veranstaltungen bis nach 22 Uhr in dem Stadion geben darf. Ein Kuriosum, das dazu führt, dass es keine Abendspiele in der Bundesliga dort gibt und das Stadion auch nicht für Konzerte genutzt werden kann. Immerhin, ostwestfälisch ist die Anreise: Neben 2900 Parkplätzen direkt am Stadion bietet es auch Ständer für 2000 Fahrräder.

Sie gelten als Überraschungsmannschaft und haben in der Fußball-Bundesliga doch immer noch den Status von Underdogs. Dabei ist das Potential des SC Paderborn trotz Mini-Budgets beachtenswert. Von der ersten Liga 2014 im freien Fall herunter bis fast in die Regionalliga und 2019 wieder zurück in die erste Liga, das hat der Club mal eben so geschafft. Entstanden ist der heutige Verein als Ergebnis vieler Fusionen. Am Anfang stand die Arminia Neuhaus von 1907. Die benannte sich um in Concordia Neuhaus, verschmolz mit dem benachbarten TuS Sennelager, beide fusionierten zum TuS Schloß Neuhaus. In Paderborn gab es zeitgleich ab 1908 den FC Preußen Paderborn, dazu kam noch der VfB Paderborn, später dann auch SV Westfalia. Nach regem Hin und Her entstand schließlich eine Stadtmannschaft unter dem Namen 1. FC Paderborn. Nachdem Paderborner und Schloß Neuhäuser in der Oberliga immer wieder gegeneinander gespielt hatten, schlossen sie sich 1985 überraschend zum TuS Paderborn/Neuhaus zusammen. Dieser Club benannte sich dann 1997 in den heutigen SC Paderborn 07 um. Seitdem spielen die Paderborner in den obersten drei Bundesligen mit und mischen mit ihrem Offensivfußball den Gegner immer wieder kräftig auf.

Dabei setzt der Verein auch auf „Eigengewächse" wie den in Paderborn geborenen Christian Strohdiek. Der hatte in Elsen mit dem Fußball begonnen, war in allen Nachwuchsmannschaften des SC, hatte eine Zeit bei Fortuna Düsseldorf und steht nun in Paderborn als Mannschaftskapitän an der Spitze des Bundesliga-Teams.

Sportlich ist Paderborn top. Das zeigt nicht nur der Fußball. In seinem Schatten stehen die Leichtathleten, die Basketballer und die Baseballspieler, die auch jeweils mit den Topteams der Republik mithalten können. Nicht alle treten dabei so kraftvoll auf wie die populären Baseballer der Untouchables. Spieler Dominik Buder ist aktuell als Nummer 3 in der Mannschaft in dem 1990 gegründeten Club und freut sich mit seinen Mitspielern bereits über den Deutschen Meistertitel, den Pokalsieg und eine Spielzeit in der ersten Liga. Der Student selbst ist bereits mehrfacher Nationalspieler.

Paderborn ist eine Stadt voller Bewegung. Tennis wird in Sennelager erstklassig gespielt, in Elsen sind die Sportschützen an der Spitze der Liga aktiv. Doch eindeutiger Publikumsliebling und Vorzeigesportler ist Simon Rösner. Er steht seit 16 Jahren beim Squash in der Weltrangliste, derzeit ist er unter den ersten fünf. Doch Rösner garantiert nicht allein den Erfolg. Wie in den anderen Sparten auch steht die Mannschafts- und Nachwuchsförderung vorne an. Paderborn hat ein Sportinternat und setzt hohen Stellenwert auf die stetige Förderung junger Talente wie im Bild: neben Simon Rösner von links Franziska Hennes (mehrmalige Deutsche Einzel-Meisterin), Paul Schweizer, Jan Düppe, Kaja Sorgatz und Niclas Schwarz. Dass die Gruppe vor ihrer Trainingsstätte, dem Ahorn Sportpark posiert, hat seine Gründe. Der Park ist ein Geschenk des verstorbenen Computerunternehmers Heinz Nixdorf an die Stadt und bietet allen Bürgern kostenlose Möglichkeiten, Sport zu treiben.

# Im Hochstift

## Historische Orte, Natur, Freizeit, Briten

Was ist Paderborn ohne die umliegenden Orte, ohne das Hochstift? Nicht vollständig, das zeigen nicht nur die hohen Zahlen der Pendler, die täglich zur Arbeit in die Stadt kommen. Auch zum Einkaufen bietet sich Paderborn für das gesamte Umland an. Im Gegenzug finden die Städter in den umliegenden Orten und in der Natur viele Möglichkeiten, ihre Freizeit zu verbringen. Vor den Toren der Stadt liegt vieles von dem, was Paderborn lebenswert macht.

Historisch hängen Umland und Stadt eng zusammen. Denn das Hochstift bezeichnete seit dem Mittelalter den weltlichen Wirkungsbereich des Fürstbischofs von Paderborn. Seine Diözese ist mit einer Fläche eines Drittels des heutigen Bundeslandes NRW recht groß. Als Landesfürst beherrschte er ein Gebiet, das in etwa den heutigen Kreisen Paderborn und Höxter entspricht. 28 Bischöfe residierten bis zur Säkularisation im Jahr 1803 auf dem Fürstenthron. Dann lösten die Preußen das Fürstentum auf. Geblieben aus dieser Zeit sind die vielen Städte, Burgen und Rittersitze des Landadels, mit denen die Fürstbischöfe ihr Territorium gegen die Nachbarn sicherten.

Wie wichtig das Umland heute für die Paderborner ist, zeigt das Beispiel der regenerativen Energien. Der Kreis Paderborn ist stolz darauf, dass er in Sachen Strom zu weit über 100 Prozent autark ist. Die Windkraftanlagen Richtung Büren, Lichtenau und Neuenbeken drehen so viel Strom ein, dass rechnerisch nichts von außen zugekauft werden muss. Die 550 Windmühlen im Kreis Paderborn haben eine Nennleistung von rund 1.000 Megawatt, das entspricht einem mittelgroßen Kernkraftwerk. Dazu kommen noch Solarfelder und Biogasanlagen. Doch was für den einen umweltpolitische Freude ist, ist des anderen Leid. Die roten Lampen, die die südliche Himmelslandschaft von Paderborn jeden Abend in eine Disco verwandeln, die vielen turmhohen Anlagen, die Geräusche und Auswirkungen auf die Natur bringen auch Kritiker auf den Plan. Die Windkraft wird dabei zur Zerreißprobe für etliche dörfliche Gemeinschaften.

Das 70-jährige Mit- und Nebeneinander der Paderborner mit den britischen Streitkräften war von vielen liebgewordenen Gewohnheiten und Vorteilen für beide Seiten geprägt, wenngleich es nicht immer ohne Reibereien abging. Die Briten waren jahrzehntelang die Herren auf dem Truppenübungsplatz Senne. Was jetzt nach ihrem Abzug aus den Kasernen, den Wohngebieten und dem Übungsgelände wird, ist die große Frage. Immerhin wohnten rund 10.000 Briten in der großen Garnison Paderborn-Sennelager. Zurück bleiben große Gebäude und viele persönliche und familiäre Bindungen.

Die alte Stadtmauer war zwar ein guter Schutz. Die Paderborner sorgten aber vor und bauten auch im Umland zusätzliche Wehrtürme. Einer davon ist der Lichtenturm, Richtung Dahl. Er gehörte zu einem mittelalterlichen System von „Warten". Natürliche Bäche und gepflanzte Hecken, Palisaden und Wälle umgaben die Stadt in einem großen Ring. An den exponierten Stellen wurden dann insgesamt sieben Türme gebaut. Sie dienten der besseren Übersicht. Dabei war die Warte kein Verteidigungssystem, sondern sie funktionierte eher wie ein Frühwarnsystem vor heranrückenden Feinden. Neben dem Lichtenturm, der früheren Haxterschen Warte, gab es unweit der B64 in Höhe der Zufahrt von Benhausen auch die Pamelsche Warte. Beide Türme wurden noch vor Ende des 2. Weltkrieges für den geplanten Bau eines Ausweichflugplatzes gesprengt. Seitdem liegen die Mauerreste der Pamelschen Warte unberührt auf einem Standortübungsplatz der Briten; der Lichtenturm wurde 1986 wieder aufgebaut.

Golf ist in im Paderborner Land. Es gibt drei große Golfplätze. Der jüngste dieser Clubs grenzt direkt an die Stadt: der Universitäts-Golfclub Haxterpark, der auf der Paderborner Haxterhöhe eine sehr ursprüngliche Landschaft aus Dünen und Karst bietet. Seine Gastronomie ist in einem alten stadtnahen Gut untergebracht. Den Club hatten 1999 übrigens Sportwissenschaftler der benachbarten Uni gegründet. Der Beginn stand ganz im Zeichen der Integration. Gelände und Einrichtungen wurden von einem Team bewirtschaftet, in dem auch Menschen mit Handycap sind.

Seit 1983 bereits gibt es den Golfclub Paderborner Land in Thüle, Richtung Delbrück. Die Anlage mit ihrem ländlich großzügigen Gebiet knüpft an die Idee der Parklandschaft an. Der dritte im Bunde, der ehemals nur von den Briten genutzte Platz und heutige British Army Golfclub Sennelager ist der älteste und liegt direkt am Truppenübungsplatz. Er verbindet die Heidelandschaft der Senne mit altem Baumbestand und traditionellen Pfaden sowie grandios durch Baumgruppen abgeschirmten Greens. Alle Clubs bieten übrigens moderne 18-Loch-Anlagen an und sind für Gäste mit den üblichen Voraussetzungen offen.

◄

Sie kommt direkt aus dem Sauerland und fließt über 59 Kilometer bis in die … tja, nur um wenige Meter verfehlt: sie fließt nicht mehr knapp vor dem Schloss in die Pader, sondern direkt hinter dem Schlosspark schon in die Lippe. Die Alme macht Schloss Neuhaus zur Drei-Flüsse-Stadt, auf ihrem Gebiet vereinigen sich die Pader, die Lippe und die Alme. Alle drei entstammen den Karsthängen von Eggegebirge und Haarstrang.

▶

Nur an wenigen Stellen kann man sich der Alme zu Fuß nähern. Meistens verläuft sie wie die Lippe versteckt zwischen Feldern und Wiesen, auf Paderborner Gebiet kaum erreichbar zwischen Privatgrundstücken. Oft ist die Alme auch gar nicht da, wo sie sein soll, manches Mal verschwindet sie in Schwalglöchern, dann fließt sie unterirdisch und ist im Sommer ausgetrocknet. Doch das kleine Bächlein, das bei Starkregen zu einem mächtig reißenden Fluss mit Überschwemmungsgefahr werden kann, wird derzeit an vielen Stellen renaturiert. So soll sie sich die alten Überflutungsgebiete zurückholen, damit die Schloss Neuhäuser nicht immer Sorge um ihre Keller haben müssen. 1965 bei der Heinrichsflut setzte sie recht dramatisch fast alle Dörfer längs ihre Verlaufs, von Brilon kommend, gehörig unter Wasser. Bei den Evakuierungen starben etliche Menschen, die vor den Wassermassen teils stundenlang auf ihren Dächern ausgeharrt hatten. Wenn die Alme allerdings normale Wasserstände führt, bietet sie sich als knöcheltiefes Planschbecken an, zum Kanufahren reicht es nicht, auch wenn der idyllische Flussverlauf zwischen den Bäumen das suggeriert.

◄

Im Paderborner Stadtteil Neuhaus steht das Residenzschloss des Fürstbischofs von Paderborn, ein schmuckes Gebäude im Stil der Weserrenaissance mit Gräfte und vier Ecktürmchen. Wenn die Paderborner dem Bischof allzusehr auf der Nase herumtanzten, zog er sich in sein Lustschloss zurück. Aus Vorgängerbauten ließ Dietrich von Fürstenberg gegen Ende des 16. Jahrhunderts das heutige Schloss erstellen. Der prächtige Barockgarten dahinter entstand 150 Jahre später. Am Westgiebel fällt oben eine steinerne Figur auf. Sie soll an einen Dachdecker erinnern, der der Sage nach im 17. Jahrhundert nach einer Jagdgesellschaft dort erschossen wurde, als ein adeliger Herr den anderen seine Treffsicherheit beweisen wollte. Der Dachdecker starb, der Täter floh, wurde aber Jahre später gefasst und hingerichtet. Heute sind im Schloss eine städtische Realschule sowie Repräsentationsräume der Stadt untergebracht.

►

Wenn es künstlerisch wird im und um das Schloss, dann ist dort auch der Paderborner Bildhauer und gestaltende Künstler Manfred Webel anzutreffen. Er engagiert sich stark in der Paderborner Kunstszene. Wegweisend ist dabei sein Kunstcontainer, den er auf dem Connext Campus in Paderborn aufgestellt hat. Dort gestaltet er mit der Belegschaft und mit Besuchern Angebote. Das gehört zu seinem Ansatz, mit seiner Kunst positive soziale Veränderungen zu bewirken. Webels Arbeiten sind preisgekrönt, viele davon lassen sich ganz praktisch auf dem Spielplatz oder im Garten nutzen und als praktische Kunst für kleines Geld kaufen.

Als Schlafstadt von Paderborn lässt sich Borchen ungern titulieren. Das wäre der Gemeinde aus fünf noch bis heute bäuerlich geprägten Dörfern auch nicht angemessen. Denn in Borchen leben rund 15.000 Menschen mit einem ausgeprägten Vereinssinn und einer tiefen Verwurzelung in ihrer Heimat. In Nordborchen steht mit dem Mallinckrodthof ein besonderes Kleinod, das die Paderborner mindestens einmal im Jahr beim Adventsmarkt blass aussehen lässt. Dann wird das alte Gutshaus mit Gräfte zum Ort, an dem sich alle Gruppen der Gemeinde zusammentun und ein dreitägiges Fest veranstalten. Dieses Adventsfest gehört zu den besten und harmonischsten im ganzen Umland.

Im Mittelpunkt der Hofanlage des Mallinckrodthofes steht das Haupthaus aus Fachwerk, das aus dem 15. Jahrhundert stammt. Umgeben ist es von einer flachen Gräfte, auf deren Zugang als Brückenheiliger eine Figur des heiligen Nepomuk steht. Das Gut wurde lange von adeligen Familien als Lehen bewirtschaftet; 1911 kaufte es eine wirtschaftliche Frauenschule, so dass es lange Jahre als Bildungseinrichtung diente. Seit 2005 ist der Hof im Besitz der Gemeinde und sehr stilvoll renoviert worden. Von der Zugangsbrücke aus gesehen an der linken Ecke steht ein Erkerhäuschen auf der Gräftenmauer. Es wird „Annettentempelchen" genannt, weil dort die westfälische Dichterin Annette von Droste-Hülshoff einen Teil ihrer bekannte Novelle „Judenbuche" geschrieben haben soll.

▶ Ein Bild wie aus der Seeschifffahrt: Ein Schwimm-
bagger arbeitet sich auf dem Lippesee durch die
Kies- und Sandschichten und spült das Fördergut
durch eine lange Leitung (nach links) an Land.
Südlich von Paderborn gibt es eine ganze Reihe
von Baggerseen, die sich von Sennelager über
Sande und Elsen bis in den Lippstädter Bereich
ziehen. Die Baggerarbeiten in Sande wurden
in den 70er Jahren am Zufluss der Thune in die
Lippe begonnen. Dort waren hochwertige Kiese
gefunden worden. Diese Kiese haben sich in der
letzten Eiszeit am Übergang der Westfälischen
Bucht zur Paderborner Hochfläche besonders im
Bereich des Ortsteils Sande in bis zu 20 Meter
dicken Schichten abgelagert.

▶▶ Die Abbaggerungen laufen noch weiter, bislang
hat der See eine Länge von fast zwei Kilometern und ist nahezu 100 Hektar groß. Doch in
absehbarer Zeit wird die von der kommunalen
Eigentümerin des Sees, der Schlosspark und Lippesee GmbH vergebene Genehmigung zur Ab-
grabung ablaufen. Was dann aus den Zement-
und Kieswerken wird, die rund um die dortigen
Seen angesiedelt sind, ist noch ungewiss. Als
Kompensation dafür haben sich jedoch bereits
einige Freizeitmöglichkeiten entwickelt. Es gibt einen Badestrand, die DLRG-Station überwacht die
Wassersportler, viele Segelboote liegen bereits
in den Marinas. Auf den Nesthauser Seen auf
der anderen Seite der Bundesstraße wird Was-
serski gefahren – ein buntes Bild mit hohem Frei-
zeitwert, aber auch Wirtschaftspotential.

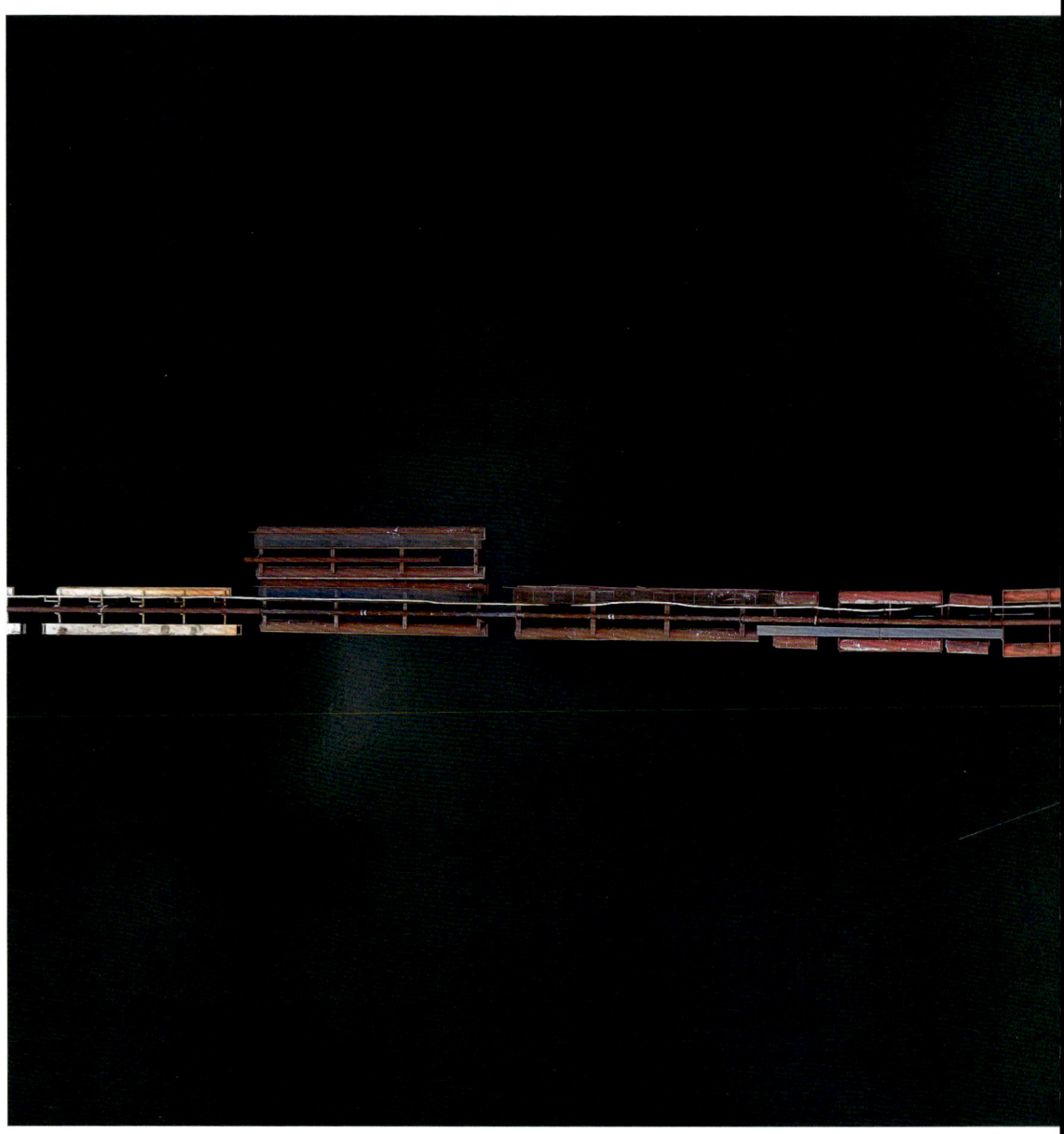

Südlich von Paderborn liegt das alte Kloster Dalheim. Die gute Lage am Flüsschen Altenau inmitten der Wälder machten sich im 12. Jahrhundert ein Frauenorden und dann nach dessen Niedergang im 15. Jahrhundert die Augustiner-Chorherren zunutze. Ein großes Kloster entstand. Dalheim wurde für den Paderborner Raum geistlich und wirtschaftlich prägend. Der Reichtum des Klosters missfiel dem Paderborner Fürstbischof. Im Rahmen der Hexenprozesse ließ er im Jahr 1600 Prior, Subprior und zwei Mönche wegen angeblicher Hexerei in Schloss Neuhaus in den Kerker werfen. Nachdem einer der vier dort verstorben war und ein Gutachten der juristischen Fakultät Würzburg die Chorherren freigesprochen hatte, einigte sich der Bischof gegen Zahlung einer jährlichen Getreideabgabe mit den Dalheimern und ließ sie nach einem Jahr wieder frei.

1803 wurde das Klostergut, das im Barock stark erweitert worden war, vom Staat übernommen, die Mönche vertrieben. Doch wirtschaftlich bekam das der Anlage schlecht, die Geschäfte oft wechselnder Pächter liefen nicht gut. Kirche und Kreuzgang wurden zu Viehställen. Erst spät erholte sich das Gut, in dem bis Mitte der 1970er Jahre Landwirtschaft betrieben wurde. Der Landschaftsverband erwarb das Gelände anschließend und investierte seitdem Millionen in den Erhalt. Seit 2010 ist Dalheim auf 3000 Quadratmetern zu einem bundesweit einzigartigen Klostermuseum ausgebaut, das immer wieder mit großen Schauen, einer Klosterbrauerei oder Klostermärkten auf sich aufmerksam macht.

◀

„Hillige Seele", die heilige Seele, heißt die kleine Feldkapelle oben auf dem Hügel zwischen
Schloss Hamborn und Dörenhagen. Ihr roma-
nischer Ursprungsbau stammt wahrscheinlich bereits aus dem beginnenden 12. Jahrhundert. Die
Kapelle zählt zu den ältesten Kreuzheiligtümern
Westfalens. Die Verehrung der Pilger galt dem
Grab Jesu und einem seit der Zeit der Kreuz-
züge dort gehüteten Kreuz, in dem ein Splitter
des echten Kreuzes Jesu gewesen sein soll. Im
Dreißigjährigen Krieg zerstörten die Schweden
am 22. Mai 1646 die Kapelle und zerschlugen
das Kreuz. Dessen wiedergefundenes Mittelstück
wurde zurück in die Kapelle gebracht, allerdings
ohne die Reliquie. Anschließend wurde ein neues
Kreuz gefertigt.

▶

Die nebenstehende Einsiedlerhütte wurde Ende
des 18. Jahrhunderts abgebrochen; einige Male
wurde auch die Kapelle umgebaut. 1972 wurde
das einsame Kirchlein auf dem Berg verwüstet
und das erneuerte Kreuz entwendet. Zur Bele-
bung der Kreuzverehrung ließ die Kirchengemein-
de Dörenhagen eine neue Ausführung nach alter
Vorlage anfertigen. Der Paderborner Kardinal
Degenhardt vermittelte aus Rom ein anderes an-
gebliches Teil von Jesu Kreuz, das als Reliquie in
die Kopie eingefügt wurde. Regelmäßig führen
Pilgerwanderungen umliegender Kirchengemein-
den zur Kapelle, die oft auch von Wanderern
oder Betern besucht wird.

Angebunden an die weite Welt ist Paderborn durch einen Regionalflughafen direkt vor der Tür. „Paderborn Lippstadt Airport" oder im Fliegerdeutsch „PAD" lauten die Bezeichnungen für die große Anlage mit gut zwei Kilometer langer Start- und Landebahn vor den Toren der Stadt in Richtung Büren. Manche Linienmaschine als Zubringer zu den Drehkreuzen nach Frankfurt oder München startet dort, ansonsten viele Ferienflieger. Jährlich 40.000 Flugbewegungen und 750.000 Fluggäste zählt der Airport, der trotz dieser Auslastung aber finanziell von den Städten und Kreisen rings herum unterstützt wird.

Direkt neben dem Flughafen liegt der Quax-Hangar mit eigener Gastronomie, der einen Ausflug lohnt. Dort haben sich einige Flugzeugbegeisterte mit ihren oft historischen Maschinen zusammengefunden. Vom Doppeldecker bis zu Propeller-Schulungsflugzeugen verschiedener Streitkräfte ist dort allerlei an Oldtimern und begeisternder Flugzeugtechnik zu finden. Doch die Maschinen stehen nicht nur im Hangar oder werden in der gläsernen Werkstatt restauriert. Die Idee hinter Quax ist, die alten Maschinen wieder in die Luft zu bringen. Ein Besuch auf der Sonnenterrasse des Hangars lohnt sich also.

Die Wewelsburg ist eine der wenigen Dreiecks-
burgen in Deutschland. Hoch thront sie mit ihrem
dicken runden Eckturm und den beiden schlan-
keren Spitztürmen über der Alme. Sehr bewegt
ist ihre Geschichte, in dem barocken Gemäuer
steckt mehr Historie als ein zufälliger Betrachter
ahnen mag. Als erste Befestigung soll dort im
9. Jahrhundert ein Bollwerk gegen die Hunnen
gestanden haben. Konkreter wird es im 12. Jahrhundert, als Graf Friedrich von Arnsberg den Bau
vergrößerte. Nach seinem Tod zerstörten die Un-
tertanen die Burg allerdings wieder. Im 14. Jahrhundert kam das Grundstück mit zwei massiven
Gebäuden an die Fürstbischöfe von Paderborn,
die die Bautätigkeit nach einigen Verpachtungen
in Schwung brachten. In ihrer jetzigen Form wurde die Burganlage als Jagdschloss und Nebenre-
sidenz in sechsjähriger Bauzeit bis 1609 errichtet.

Mit der Inschrift im Erker über dem Hauptportal –
„Multi quaerent intrare et non poterunt", also „Viele
wollen eintreten, können es aber nicht", brachte
der bischöfliche Bauherr zum Ausdruck, dass er
allein zu bestimmen hatte, wer einen Fuß in seine Burg setzen durfte. Es half allerdings wenig:
Im Dreißigjährigen Krieg steckten Schweden
die Burg an. Nach dem Wiederaufbau brannte
durch einen Blitzschlag der Nordturm aus. In der
Nazizeit übernahmen die SS-Schergen die Burg
und ließen sie durch Zwangsarbeiter und KZ-
Häftlinge zu einer braunen „Ordensburg" umbau-
en. Die dunklen Schatten waren nur von kurzer
Dauer. Heute ist die Wewelsburg eine Jugend-
herberge mit gut 200 Betten und ein Tagungs-
haus; sie beherbergt das Kreismuseum und ist
Dokumentationszentrum über den Terror der SS,
deren Geschichte in der Burg dokumentiert ist.

Das Kreismuseum in der Wewelsburg erinnert an den kurzen, aber umso grausameren Abschnitt in der Geschichte der Burg zwischen 1934 und 1945. Damals machte Heinrich Himmler sie zur SS-Ordensburg und unterzog sie einem groß angelegten Umbau. Um diese Arbeiten im Krieg verwirklichen zu können, errichtete die SS ein Konzentrationslager in Wewelsburg. Das Lager bestand ab Mai 1939 zunächst aus einem Häftlingskommando, das dem Hauptlager Sachsenhausen unterstand. Ab 1941 wurde das KZ zum „Hauptlager Niederhagen". Es bestand bis zum April 1943. Die verbliebenen Häftlinge wurden organisatorisch dem KZ Buchenwald unterstellt. Von den insgesamt 3900 Häftlingen aus fast allen von der Wehrmacht besetzten Ländern überlebten ein Drittel, also 1285 Menschen das Lager nicht. An sie und ihr Schicksal erinnert die Ausstellung und ordnet sie in die damit weltweit einzige umfassende museale Darstellung über die SS ein.

Hauptausstellungsort ist das ehemalige Wachhaus vor der Burg. Besichtigt werden können aber auch der Obergruppenführersaal und die Gruft im Nordturm der Burg. Kurz vor Ende des Krieges steckten die Nazis die Burg an. Sie brannte fast komplett aus; außer diesen beiden Räumen ist nur wenig original erhalten. In der ehemaligen Lagerküche residiert heute übrigens die Freiwillige Feuerwehr, das ehemalige Torhaus wurde zum Zweifamilienhaus umgebaut.

◀

Baggerseen gibt es so einige in Paderborn; die
besonderen Kiese und Sande sind der Grund für
die allesamt künstlichen Abgrabungen. Sie finden
sich allein im Süden der Stadt Richtung Delbrück
und Lippstadt entlang der Lippe. Fast alle diese
Seen sind von Angelvereinen bewirtschaftet und
somit oft auch als Privatgewässer eingezäunt.
Trotzdem stellen sie eine ganz besondere Idylle dar, wenn es möglich ist, bis ans Wasser zu
kommen. Außer dem großen Lippesee oder dem
Padersee, die beide jetzt zur Verbesserung der
Wasserqualität eine Flussumflut erhalten haben,
gibt es auch die Talle-Seen Richtung Lippspringe
und den nahegelegenen Habichtssee sowie den
Waldsee.

▶

Wenn die Abgrabungen lange genug ruhen, er-
obert sich die Natur ihren Platz zurück und grünt
die Seen schnell wieder ein. So werden aus den
ehemaligen Narben in der Landschaft Erholungs-
gebiete inklusive Nutzung als Campingplätze.

◄

Die Senne im Nordosten der Stadt ist eine ganz besondere Heidelandschaft. Ihr Überleben als natürliches Kleinod hat sie wahrscheinlich der jahrhundertelangen Nutzung als Truppenübungsplatz zu verdanken. Denn nur so war das riesige Areal vor der intensiven Landwirtschaft geschützt. Unzählige vom Aussterben bedrohte Tiere haben dort ihr Zuhause. Magerrasen, naturnahe Gewässer und Moore und sandiger Dünenboden prägen die Landschaft, die in früheren Jahrhunderten den Bauern kaum genug zum Leben gab. Einzig Schafzucht und auch Pferdezucht waren einträgliche Erwerbszweige. Senner Pferde gelten dabei als eine der ältesten Pferderassen Deutschlands. Sie waren fast ausgestorben und werden erst jetzt wieder nachgezüchtet. Die Senne ist Heimat zweier nicht unbedeutender Flüsse. Die Lippe entspringt südlich der Senne, die Emsquellen liegen westlich am Sennerand.

►

Ab 1880 wurde das Gelände zum Truppenübungsplatz, der für unterschiedliche Armeen immer weiter ausgebaut wurde. Dabei hinterließ jede Truppe von der Kaiserzeit bis heute ihren Militärschrott. Zuerst übten dort die Kavallerie des Kaisers und die Soldaten des Ersten Weltkrieges, dann wurde der Platz vor dem Zweiten Weltkrieg für Panzer erweitert. Zugleich wurden am Rande des Geländes in beiden Kriegen in zwei großen Lagern Gefangene interniert, zumeist unter unmenschlichen Bedingungen. Nach dem Krieg übernahmen die Briten die Platzhoheit und übten auf großer Fläche mit Panzern, Geschützen, in nachgebauten Straßendörfern und großen Hallen, in denen Computersimulationen möglich wurden. Obwohl die Briten mit ihren Truppen mittlerweile abgezogen sind, werden sie die Senne gemeinsam mit der Bundeswehr als Übungsplatz behalten.

Abschlussappell der englischen Truppen in Paderborn: Nach 70 Jahren feierten sie Abschied. Die Briten sind aus Paderborn abgezogen und haben damit ihre letzte Garnison in Deutschland verlassen. Allein auf dem Truppenübungsplatz in Sennelager werden sie noch mit kleiner Mannschaft von bis zu 200 Soldaten bleiben. Sie sollen sicherstellen, dass die Briten jederzeit zu Übungen wiederkommen können. Bis zu 10.000 englische Soldaten und ihre Familien lebten in den besten Zeiten in Paderborn. Sie hatten eigene Schulen, Einkaufsmärkte, Kindergärten und sogar einen Gerichtshof. Die Versorgung der Truppen war autark und wurde komplett in England durchdacht und von dort abgewickelt.

Dass die Engländer überhaupt in so großer Stärke in Ostwestfalen stationiert waren, obwohl doch das Hauptquartier der Britischen Rheinarmee in Rheindahlen bei Mönchengladbach lag, geht auf Feldmarschall Montgomery zurück. Er bevorzugte statt der stark ausgebombten Gebiete am Rhein und im Ruhrgebiet die ostwestfälischen Kurorte zwischen Bad Oeynhausen und Bad Lippspringe für seine Kasernen, zu englisch „Barracks". Dass die Truppen dann auch nach Ende des Kalten Krieges in Deutschland und bevorzugt in Paderborn und Bielefeld blieben, lag daran, dass es in England schlicht keine Kasernen für sie gab. Ganze Bataillone hatten ihren Hauptsitz in Deutschland, besonders für Truppen mit Auslandseinsatz war Paderborn geeignet. Mit der Ausbildung auf dem Truppenübungsplatz Sennelager wurden die britischen Soldaten beispielsweise auf die Einsätze im Irak und in Afghanistan vorbereitet.

Das ist nicht ohne Träne geblieben: Fast alle Briten sind weg, die Häuser in ganzen Paderborner Straßenzügen versiegelt wie in einer Geisterstadt. Wo bis Mitte 2019 noch Kinder lärmten und Truppenangehörige in Formation joggten, ist jetzt Stille. Die Briten werden den Paderbornern fehlen. Nicht aus wirtschaftlichen Gründen, obwohl die Stadt das sicher auch merken wird. Nein, die Nachbarn sind plötzlich nicht mehr da. Denn da war einiges zusammengewachsen, was vor fast 75 Jahren noch undenkbar schien.

War das Miteinander in den Nachkriegsjahren durch Misstrauen, Fraternisierungsverbote und die Abgrenzung der Besatzer von der Bevölkerung geprägt, so gewannen die Herzen der Menschen unweigerlich die Oberhand. Die englischen Soldaten und die Bürger von Paderborn und Schloss Neuhaus lebten einhellig neben- und miteinander. Der Soldatensender BFBS hat unzähligen Schülern das Pauken der englischen Vokabeln erleichtert. Aber auch die „Tommies" kamen gerne nach Paderborn. Dort waren sie mit ihren Familien sehr gut untergebracht, hatten eine perfekte Infrastruktur und ein gut funktionierendes Gesundheitswesen. Zudem zahlte es sich soldmäßig aus, im Ausland stationiert zu sein. Manch einer heiratete eine deutsche Frau und blieb auch nach seiner Militärzeit. Paderborn ist deshalb ein in England positiv besetzter Städtename. Viele verbinden eine gute Militärzeit mit der Stadt.

Vier Jahreszeiten voller Schönheit: Im Wechsel
der Vegetation zeigt sich die ganze Vielfalt der
Paderborner Landschaft. Die Hochfläche mit den
geschwungenen Tälern der kleinen Bäche lässt
das Auge wandern und sieht die Weite des Som-
merhimmels über Rapsfeldern ebenso wie die ja-
genden Wolken über den abgeernteten Äckern.
Natur und Vegetation, das Zutun des Menschen
durch den Ackerbau verändern die Landschaft im
Rhythmus von Saat und Ernte, Ruhe und Feldbe-
stellung. Wenn im Herbst die Böden dampfen
und die Hirsche in der Brunft röhren, dann wird
Wehmut darüber wach, dass die Sonne schon
wieder sinkt. Doch auch an klaren Wintertagen
findet das Auge Weite und klare Struktur in den
verschneiten Äckern und ruhenden Wäldern.
Dann geht er auch schon bald wieder los, der
Fluss der Jahreszeiten, der die Menschen in Paderborn seit Jahrhunderten begleitet, nährt und
begeistert.

# Viele Städte – ein Verlag – TERTULLA

## Bildbände

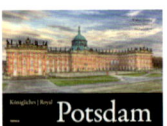
Widbert Giessing,
Christina Tilmann,
Michael Zajonz
**Königliches Potsdam**

Widbert Giessing,
Knut Diers
**Die Weser**

Sandra Püttmann
Helga Wiessing
**Lippstadt –
Bilder einer Stadt**

Widbert Giessing,
Hans Eberhardt Brandhorst
**Minden –
Bilder einer Stadt**

Andreas Herrmann
**Aachen –
Bilder einer Stadt**

Michael Römling
**Soest – Bilder einer Stadt**

## Stadtgeschichten

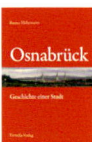
Rainer Hehemann
**Osnabrück –
Geschichte einer Stadt**

Michael Römling
**Bremen –
Geschichte einer Stadt**

Michael Römling
**Aachen –
Geschichte einer Stadt**

Michael Römling
**Münster –
Geschichte einer Stadt**

Michael Römling
**Soest –
Geschichte einer Stadt**

Michael Römling
**Göttingen –
Geschichte einer Stadt**

## Stadtführer

Michael Römling
**Soest –
Stadtführer für Neugierige**

Manuela Gamann
**Lippstadt –
Stadtführer für Neugieriege**

Wir machen schicke Bücher über schöne Städte.
Besuchen Sie uns im Web unter:
**www.tertulla.de**

Hier finden Sie unser Verlagsprogramm, Leseproben,
Informationen über unsere Autoren und darüber, wie
Sie unsere Bücher bekommen.

**Denn diese Bücher müssen Sie haben!**